2022 房地产经纪专业人员职业资格考试

房地产经纪人考试高频考点与真题解析
房地产经纪职业导论

58安居客培训赋能中心
正房科技考试研究组　联合编写

孙亚欣　主　编

中国建筑工业出版社
中国城市出版社

图书在版编目（CIP）数据

房地产经纪人考试高频考点与真题解析. 房地产经纪职业导论/58安居客培训赋能中心，正房科技考试研究组联合编写；孙亚欣主编. —北京：中国城市出版社，2022.8

2022房地产经纪专业人员职业资格考试

ISBN 978-7-5074-3506-1

Ⅰ.①房… Ⅱ.①5…②正…③孙… Ⅲ.①房地产业—经纪人—资格考试—中国—自学参考资料 Ⅳ.①F299.233

中国版本图书馆CIP数据核字（2022）第145014号

本书是面向房地产经纪专业人员职业资格考试的复习辅导用书，帮助考生总结提炼考试要点、掌握考试规律。从考生应试需求出发，结合教材的章节编写，内容分为章节导引、章节核心知识点、真题实测、章节小测、模拟卷几部分。本书的主要特点是核心知识点突出、以练带学，能更有针对性、更突出重点地帮助经纪人员理解考点和加深记忆，是考前冲刺重要的复习资料。

责任编辑：毕凤鸣
责任校对：芦欣甜

2022房地产经纪专业人员职业资格考试
房地产经纪人考试高频考点与真题解析
房地产经纪职业导论

58安居客培训赋能中心　　　联合编写
　　正房科技考试研究组

孙亚欣　主　编

*

中国建筑工业出版社、中国城市出版社出版、发行（北京海淀三里河路9号）
各地新华书店、建筑书店经销
北京建筑工业印刷厂制版
北京云浩印刷有限责任公司印刷

*

开本：787毫米×1092毫米　1/16　印张：11　字数：263千字
2022年8月第一版　　2022年8月第一次印刷
定价：36.00元
ISBN 978-7-5074-3506-1
(904489)

版权所有　翻印必究
如有印装质量问题，可寄本社图书出版中心退换
（邮政编码 100037）

本书编委会

主编单位: 58安居客培训赋能中心

　　　　　正房科技考试研究组

主　　编: 孙亚欣

参　　编: 张　莹　赵汝霏　金梦蕾　任芳芳

　　　　　侯蕴藝

前 言

一、为什么要编写这套考试辅导用书

多数房地产经纪从业人员希望通过国家职业资格考试,取得一个官方认证的合法身份。一线经纪人员如果没有相应的资格证书在手,无论业绩做得再好,总少点底气和信心。首先,害怕被业主或者客户问有没有资格证,质疑自己的专业能力;其次,担心政府管理部门检查有没有持证上岗,整天提心吊胆;再有,就是不能在经纪服务合同上签名,做业务名不正言不顺。据统计,全国已经有20多万人取得房地产经纪专业资格证书,还没有通过考试的人压力会越来越大。这些苦恼,迫使经纪从业人员亟需通过职业资格考试取得一个合法身份。

愿望很美好,现实很残酷。一线房地产经纪人员平时工作繁忙,每天怀揣着财富梦努力开发、带看、做单、冲业绩,一周工作6天,常常从早9点忙到晚11点,节假日更是最忙的时候,几乎没有时间看书、复习。经纪人考试四本书,加起来1000多页;协理考试两本书,也有好几百页,怎么办?于是我们组织编写了本套考试辅导用书,旨在帮助经纪人员更好地理解教材内容,事半功倍达到复习效果。

二、这是一本什么样的考试辅导用书

这是一套从考生应试需求出发,总结提炼考试要点、掌握考试规律的复习辅导用书。本书的编写目的,是帮助胸有成竹的考生考出优异的成绩;帮助没有足够时间看书复习的考生提高复习效率;帮助临场没有太大把握的考生提高应试技巧;帮助没有太多时间看书的考生多掌握必备知识点。本书的编写人员拥有多年考试辅导经验,熟读考试用书,精通命题规律,了解历年核心知识点,掌握解题技巧。

本书内容分为【章节导引】【章节核心知识点】【真题实测】【章节小测】【模拟卷】几部分。

【章节导引】用关系图的形式,帮助考生一目了然地掌握知识要点的逻辑关系,概览知识体系。

【章节核心知识点】对经纪人员应知应会内容进行总结和提炼,帮助考生快速掌握考试的要点和命题的重点。

【真题实测】和【章节小测】从应试角度出发,结合历年的真实考题,梳理相关核心知识点,进行章节测试,辅之详细的解析,提高考生的解题能力。

【模拟卷】仿照考试真题,按照真实考试题型题量及分布的要求拟定的考试模拟题,帮助考生模拟考试实战。

综上,本书的主要特点是核心知识点突出、以练带学,能更有针对性、更突出重点地帮助经纪人员理解考点和加深记忆,是考前冲刺重要的复习资料。

三、这套考试辅导用书能解决什么问题

考生的情况千差万别，这套书如何兼顾不同的情况？到底能解决什么问题？编写者动笔之前就明确了本书要解决的问题。

如果考生没有充足的复习备考时间，本书中的"核心知识点"可以让考生提高学习效率，节省复习时间。

如果考生的解题技巧不娴熟，本书的解题分析可以帮助考生了解解题思维，掌握解题技巧，让考生做题时驾轻就熟。

如果考生对考试的形式比较陌生，本书的模拟卷可以让考生提前练兵，考试时面对真题似曾相识，镇定自若。

如果考生到考试了还没看完书，本书可以让考生临阵磨枪，尽可能利用解题技巧多做对题。

如果考生已看过多遍考试用书，本书的模拟试题可以检测考生的复习效果，考查考试用书的掌握情况。

需要说明的是，本书只是概括了核心知识点，并不能囊括教材中的所有知识点，考生也可根据自己对不同章节知识的掌握程度、时间安排等进行自我学习规划。

四、希望更多的考生能够看到这套用书

房地产经纪是一个不靠关系、不求人的公平竞争的行业，很多草根出身的年轻人通过努力做单，实现了人生财富的累积。房地产经纪专业人员职业资格考试，相对于业务竞争更加公平、有序，复习的一分一秒一定会转化为一个对题一个得分。当然，公平不可能是绝对的，业务上同样的努力，因所在区域或商圈不同，工作业绩差异很大；复习上花费同样的时间，如果没有选对考试辅导用书，就可能因几分之差而需继续准备下一年的考试。

最后，希望更多的人看到本套辅导用书，通过高效率的复习，顺利通过考试，成功完成房地产经纪专业人员身份的逆袭。恳请广大读者提出宝贵意见，便于后期修订。

编者
2022 年 4 月

目 录

第一章 房地产经纪概述 ... 1
【章节导引】... 1
【章节核心知识点】... 1
核心知识点 1：房地产经纪服务的种类 ... 1
核心知识点 2：佣金 ... 2
核心知识点 3：房地产经纪的含义 ... 2
核心知识点 4：房地产中介与房地产代理 ... 3
核心知识点 5：房地产的特性 ... 3
核心知识点 6：房地产经纪的特性 ... 4
核心知识点 7：房地产经纪的必要性 ... 5
【真题实测】... 6
【真题实测答案解析】... 7
【章节小测】... 8
【章节小测答案】... 10

第二章 房地产经纪专业人员 ... 13
【章节导引】... 13
【章节核心知识点】... 13
核心知识点 1：房地产经纪专业人员职业资格 ... 13
核心知识点 2：房地产经纪专业人员职业资格的价值 ... 14
核心知识点 3：房地产经纪专业人员职业资格登记 ... 14
核心知识点 4：房地产经纪人员的权利 ... 15
核心知识点 5：房地产经纪人员的义务 ... 16
核心知识点 6：房地产经纪人员的知识结构 ... 16
核心知识点 7：房地产经纪人员的职业技能 ... 17
核心知识点 8：房地产经纪人员职业道德的主要内容 ... 18

【真题实测】……………………………………………………………………………19
　　【真题实测答案解析】…………………………………………………………………21
　　【章节小测】……………………………………………………………………………23
　　【章节小测答案】………………………………………………………………………25

第三章　房地产经纪机构的设立与内部组织……………………………………………29
　　【章节导引】……………………………………………………………………………29
　　【章节核心知识点】……………………………………………………………………29
　　　核心知识点1：房地产经纪机构的界定、特点与类型………………………………29
　　　核心知识点2：房地产经纪机构的权利………………………………………………30
　　　核心知识点3：房地产经纪机构的义务………………………………………………31
　　　核心知识点4：直营连锁与特许加盟连锁经营模式的比较…………………………31
　　　核心知识点5：房地产经纪机构的组织结构形式……………………………………33
　　　核心知识点6：房地产经纪机构的部门和岗位设置…………………………………34
　　【真题实测】……………………………………………………………………………35
　　【真题实测答案解析】…………………………………………………………………36
　　【章节小测】……………………………………………………………………………37
　　【章节小测答案】………………………………………………………………………39

第四章　房地产经纪门店与售楼处管理…………………………………………………43
　　【章节导引】……………………………………………………………………………43
　　【章节核心知识点】……………………………………………………………………43
　　　核心知识点1：房地产经纪门店的开设………………………………………………43
　　　核心知识点2：房地产门店设置的区域选择…………………………………………44
　　　核心知识点3：房地产门店的选址……………………………………………………44
　　　核心知识点4：门店形象设计的基本原则……………………………………………45
　　　核心知识点5：商品房售楼处的选址…………………………………………………46
　　【真题实测】……………………………………………………………………………46
　　【真题实测答案解析】…………………………………………………………………47
　　【章节小测】……………………………………………………………………………48
　　【章节小测答案】………………………………………………………………………50

第五章　房地产经纪机构的企业管理……………………………………………………53
　　【章节导引】……………………………………………………………………………53

【章节核心知识点】……53
　　核心知识点1：房地产经营战略的选择……53
　　核心知识点2：房地产经纪机构人力资源管理……54
　　核心知识点3：薪酬支付方式……55
　　核心知识点4：建立有效的激励机制……55
　　核心知识点5：房地产经纪机构风险管理……56
　　核心知识点6：房地产经纪机构的风险识别与风险防范……58
【真题实测】……59
【真题实测答案解析】……60
【章节小测】……61
【章节小测答案】……62

第六章　房地产经纪机构的业务管理……64
【章节导引】……64
【章节核心知识点】……64
　　核心知识点1：房地产经纪业务的基本分类……64
　　核心知识点2：新建商品房销售代理业务流程……65
　　核心知识点3：存量住房买卖、租赁经纪业务流程……65
　　核心知识点4：房地产经纪信息的加工整理……66
　　核心知识点5：房地产经纪延伸业务……67
【真题实测】……68
【真题实测答案解析】……69
【章节测试】……72
【章节测试答案】……73

第七章　房地产经纪服务合同……76
【章节导引】……76
【章节核心知识点】……76
　　核心知识点1：房地产经纪服务合同……76
　　核心知识点2：房地产经纪服务合同的特征……77
　　核心知识点3：房地产经纪服务合同的作用……77
　　核心知识点4：房地产经纪服务合同的内容……78
　　核心知识点5：签订房地产经纪服务合同的有关重要事项……78
　　核心知识点6：新建商品房销售代理合同的主要内容……79

【真题实测】 ………………………………………………………… 80
　　【真题实测答案解析】 …………………………………………… 81
　　【章节测试】 ……………………………………………………… 82
　　【章节测试答案】 ………………………………………………… 83

第八章　房地产经纪执业规范 ………………………………………… 85
　　【章节导引】 ……………………………………………………… 85
　　【章节核心知识点】 ……………………………………………… 85
　　　核心知识点1：执业规范概述 ………………………………… 85
　　　核心知识点2：业务招揽规范 ………………………………… 87
　　　核心知识点3：房地产经纪机构应在经营场所公示的内容 … 87
　　　核心知识点4：发布房源信息或广告 ………………………… 88
　　　核心知识点5：服务费用收取规范 …………………………… 89
　　　核心知识点6：处理与同行关系的行为规范 ………………… 90
　　　核心知识点7：处理与社会关系的行为规范 ………………… 91
　　【真题实测】 ……………………………………………………… 91
　　【真题实测答案解析】 …………………………………………… 93
　　【章节测试】 ……………………………………………………… 95
　　【章节测试答案】 ………………………………………………… 97

第九章　房地产经纪行业管理 ………………………………………… 100
　　【章节导引】 ……………………………………………………… 100
　　【章节核心知识点】 ……………………………………………… 100
　　　核心知识点1：房地产经纪行业管理的基本原则 …………… 100
　　　核心知识点2：房地产经纪行业管理的基本模式 …………… 101
　　　核心知识点3：房地产经纪行业管理的主要内容 …………… 101
　　　核心知识点4：我国房地产经纪行业行政监管部门 ………… 102
　　　核心知识点5：我国房地产经纪行业行政监管的方式和内容 … 103
　　【真题实测】 ……………………………………………………… 104
　　【真题实测答案解析】 …………………………………………… 105
　　【章节测试】 ……………………………………………………… 106
　　【章节测试答案】 ………………………………………………… 107
房地产经纪职业导论模拟卷（一） …………………………………… 110
房地产经纪职业导论模拟卷（二） …………………………………… 122

房地产经纪职业导论模拟卷（一）答案解析…………………………………………… 134
房地产经纪职业导论模拟卷（二）答案解析…………………………………………… 149
编者简介………………………………………………………………………………… 163

第一章 房地产经纪概述

【章节导引】

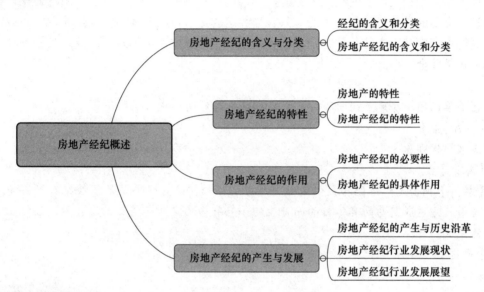

【章节核心知识点】

核心知识点1：房地产经纪服务的种类

经纪服务主要的方式有中介、代理、行纪三种。

（1）中介：中立的第三方，属于媒介服务，在成功撮合交易之前与委托人之间无明确法律关系。

（2）代理：经纪人在委托权限内，以委托人的名义与第三方进行交易，并由委托人承担相应法律责任的经济行为。经纪活动中的代理，是一种商事代理活动。

（3）行纪：经纪人受委托人的委托，以自己的名义与第三方进行交易，并承担规定的法律责任的经济行为。

1.（单选题）经纪人在受托权限内，以委托人的名义与第三方进行交易，并由委托人承担相应法律责任的经济行为是（　　）。

　　A. 代理　　　　　　　　　　　B. 中介
　　C. 行纪　　　　　　　　　　　D. 包销

【答案】A

【解析】代理，即委托代理，是指经纪人在受托权限内，以委托人的名义与第三方进行交易，并由委托人承担相应法律后果的经济行为。

【出处】《房地产经纪职业导论》（第四版）P2

核心知识点 2：佣金

佣金是经纪服务委托人对经纪服务提供方所付出的劳动时间、花费的资金和承担的风险的总报酬。佣金数额一般按商品成交额的一定比率来计算。

佣金是对经纪人提供的经纪服务的报酬，这种服务是基于经纪人能够满足委托人与第三方达成交易的具体目的而产生的。只有当约定的交易目的实现了，经纪业务才算最终完成。经纪是"中介"中的一种特定活动，其活动成果以成交来体现，因此，其服务收入的基本形式是佣金。

1.（单选题）房地产经纪服务完成后，可按约定向委托人收取（　　）。
　　A. 差价　　　　　　　　　B. 佣金
　　C. 代办费　　　　　　　　D. 咨询费
【答案】B
【解析】佣金是对经纪人提供的经纪服务的报酬，这种服务是基于经纪人能够满足委托人与第三方达成交易的具体目的而产生的。只有当约定的交易目的实现了，经纪业务才算最终完成。
【出处】《房地产经纪职业导论》（第四版）P4

核心知识点 3：房地产经纪的含义

房地产经纪，是指房地产经纪机构和房地产经纪人员为促成房地产交易，向委托人提供房地产居间、代理等服务并收取佣金的行为。

房地产经纪活动的主体是既包括房地产经纪机构，也包括房地产经纪人员。房地产经纪活动的客体是房地产，既包括一个房间、一套房屋，也包括整栋楼宇、整个房地产项目。从服务的角度来说，房地产经纪服务的委托人，即提出房地产经纪服务需要的自然人、法人或者非法人组织，是房地产经纪服务的需求者。

1.（多选题）房地产经纪活动的主体主要有（　　）。
　　A. 交易房屋　　　　　　　B. 主管部门
　　C. 交易双方　　　　　　　D. 房地产经纪人员
　　E. 房地产经纪机构
【答案】DE
【解析】房地产经纪活动的主体是既包括房地产经纪机构，也包括房地产经纪人员。房地产经纪是一种专业服务，从事房地产经纪活动的主体具有特殊性。
【出处】《房地产经纪职业导论》（第四版）P6

核心知识点 4：房地产中介与房地产代理

房地产中介，业内习惯称为房地产居间，是指房地产经纪机构和房地产经纪人员按照房地产经纪服务合同约定，向委托人报告订立房地产交易合同的机会或者提供订立房地产交易合同的媒介服务，撮合交易成功并向委托人收取佣金的经纪行为。房地产中介是起源最早的房地产经纪方式。

房地产经纪机构和房地产经纪人员可以接受房地产交易中的一方或同时接受房地产交易双方的委托，向一方或双方委托人提供中介服务。但无论是接受一方还是双方的委托，在房地产中介活动中，房地产经纪机构和房地产经纪人员始终都是中间人，因此既不能以一方的名义，也不能以自己的名义与第三人订立合同进行房地产交易。房地产经纪人员只能按照委托人的指示和要求从事中介活动。房地产中介服务完成的标准一般是房地产交易合同的签订。

房地产代理是指房地产经纪机构及房地产经纪人员按照房地产经纪服务合同约定，在代理权限内，以委托人的名义与第三人进行房地产交易，并向委托人收取佣金的经纪行为。房地产代理与房地产中介在法律性质上有明显的差异。

在房地产代理业务中，房地产经纪机构一般只能接受交易一方的委托开展代理事务，同时也只能向一方收取佣金。

1. （单选题）我国起源最早的房地产经纪服务方式是（　　）。
   A. 房地产代理　　　　　　　　B. 房地产委托
   C. 房地产中介　　　　　　　　D. 房地产包销
   【答案】C
   【解析】起源最早的房地产经纪服务方式是房地产中介。
   【出处】《房地产经纪职业导论》（第四版）P7

2. （单选题）在房地产代理业务中，房地产经纪机构（　　）。
   A. 可以同时接受双方委托　　　B. 只能接受买方委托
   C. 只能接受卖方委托　　　　　D. 只能接受交易双方中一方的委托
   【答案】D
   【解析】在房地产代理业务中，房地产经纪机构一般只能接受交易一方的委托开展代理事务，同时也只能向一方收取佣金。
   【出处】《房地产经纪职业导论》（第四版）P9

核心知识点 5：房地产的特性

（1）不可移动性：房地产属于不动产，其本质特性是不可移动性。不可移动性也称位置固定性，是房地产最为鲜明的特性。现实中，房地产交易中无法实现"实物流动"，只能通过"权利流动""资金流动"和"信息流动"来完成房屋建筑的流转和配置。

（2）区位性：不可移动性决定了房地产的区位性和房地产市场的区域性。房地产市场是典型的区域市场，大至城市、小至小区，各区域市场的供求状况、价格水平相差很大。

（3）唯一性：唯一性也称个别性、独特性、异质性、独一无二性。空间的唯一性决定了任何房地产都是独一无二的。

（4）耐久性：与其他商品相比，房地产商品寿命长久。住宅建筑设计使用年限要求不少于50年。

（5）价值量大：与一般商品相比，房地产不仅单价高，而且总价值量很大。

（6）难以变现：不易变现性即流动性差，交易难度大，成交周期长。这主要是由于房地产商品价值大、不可移动、属性复杂、交易麻烦、易受限制等特征造成的。

另外，房地产还具有供给有限性、保值增值性、消费投资双重性、易受限制性和外部影响性等特性。

1.（单选题）在房地产交易中无法实现"实物流动"，是因为房地产（　　）。
　　A. 独一无二　　　　　　　　B. 区域性
　　C. 难以变现　　　　　　　　D. 不可移动

【答案】D

【解析】不可移动性：房地产交易中无法实现"实物流动"，只能通过"权利流动""资金流动"和"信息流动"来完成房屋建筑的流转和配置。

【出处】《房地产经纪职业导论》（第四版）P10～11

核心知识点6：房地产经纪的特性

1. 房地产经纪的基本特性

（1）活动主体的专业性：经纪活动主体的专业性是经纪活动本身的必然要求。

（2）活动地位的中介性：房地产经纪机构在交易双方之间是"中间人"，不介入交易活动，服务的交易结果也归属于委托人。

（3）活动目的的交易性：房地产经纪服务以促成委托人与第三人的房地产交易为目的。无论是房地产居间中的报告订约机会、提供媒介服务，还是房地产代理中的以委托人名义发布交易信息、协商交易价格、订立交易合同，服务的目的或者说活动的结果都指向委托人与第三人的房地产交易。

（4）活动内容的服务性：在经纪活动中，经纪主体只是为促成交易提供服务，不直接作为交易主体从事交易。经纪机构对商品没有所有权、使用权、抵押权等。

（5）活动收入的后验性：经纪活动是有偿服务，但经纪服务提供方所获得的收入是根据服务结果来最终确定的。

2. 房地产经纪的专有特性

（1）活动范围的地域性：房地产是不动产，房地产市场是区域性市场，无法像其他商品市场那样，通过商品从某个区域向另一个区域的空间移动来平衡不同区域的市场供求。因此，房地产经纪人员在一定时期内，通常只能专注于某一个特定的区域市场——城市乃至于城市中的特定区域。

（2）活动后果的社会性：房地产经纪活动直接影响这种生产、生活资料的使用效率，因而其活动后果具有广泛的社会性，对各行各业和人民生活都有直接影响。而且，由于房地产价值高昂且交易复杂，房地产交易中潜伏着巨大的经济风险，并有可能引发相应的社会风险，因此，房地产经纪活动的后果具有巨大的社会影响。

1. （单选题）房地产经纪服务提供方所获得的收入是根据服务结果来最终确定的，这体现经纪活动具有（　　）。

　　A. 活动主体的专业性　　　　B. 活动地位的中介性
　　C. 活动内容的服务型　　　　D. 活动报酬的后验性

【答案】D

【解析】首先，无论经纪服务提供方在经纪服务过程中所提供的各项具体服务内容的数量与质量如何，最终是否能够获得佣金报酬完全取决于经纪服务是否使委托人与交易相对人达成了交易。其次，房地产经纪服务佣金最终由房屋成交额和经纪服务合同约定的佣金与交易成交额比例决定。

【出处】《房地产经纪职业导论》（第四版）P13

核心知识点7：房地产经纪的必要性

1. 房地产的特殊性决定房地产经纪必不可少

（1）房地产是不可移动的商品，无法集中到固定市场展示，需要房地产经纪通过专业分工提高交易过程中顾客汇集、商品展示等环节的效率；

（2）房地产是构成要素极为复杂的商品，房屋交易主体很难短时间内掌握信息，需要专业人员协助；

（3）房地产经纪活动的主体不需要像一般商品的经销商那样购置大量商品存货，而是主要通过专业人员的经纪服务来促进房地产交易，从而使得房地产流通能以比较经济的方式运行。

2. 房地产交易的复杂性决定房地产经纪必不可少

房地产商品构成要素的复杂性和无法通过有形市场集中展示的特性，造成了房地产市场信息搜寻比较困难、成本高昂。房地产经纪正是通过房地产经纪机构和人员的专业化服务，来提高房地产交易的信息搜索效率，降低搜索成本，克服交易谈判和决策的困难，避免决策失误，保证交易标的安全、顺利地交割。

3. 房地产信息的不对称性决定房地产经纪必不可少

房地产商品和房地产交易的复杂性，强化了房地产市场信息的不对称性，这不仅对房地产交易具有明显的阻滞效应，同时也使得房地产交易的风险性大大增加，因此房地产市场特别需要专业的房地产经纪机构和人员，通过为买卖双方提供各种专业服务，规范房地产交易行为，保证房地产交易安全，避免产生巨大的经济和社会风险。

1. （多选题）房地产经纪在社会经济活动中必不可少，其原因包括（　　）。

　　A. 房地产不可移动　　　　　B. 房地产交易复杂
　　C. 房地产能够保值增值　　　D. 房地产使用寿命长久
　　E. 房地产难以流通

【答案】ABE

【解析】房地产经纪在社会经济活动中必不可少，其原因包括：① 房地产的特殊性决定房地产经纪必不可少（首先，房地产是不可移动的商品；其次，房地产是构成要素极为复杂的商品）；② 房地产交易的复杂性决定房地产经纪必不可少；③ 房地产信息的不对称性决定房地产经纪必不可少。

【出处】《房地产经纪职业导论》（第四版）P14~15

【真题实测】

一、单选题（每题的备选答案中只有 1 个最符合题意）

1. 房地产经纪活动范围具有区域性，是因为房地产具有（　　）的特性。
   A. 交易复杂　　　　　　　　B. 供给滞后
   C. 不可移动　　　　　　　　D. 开发周期长

2. 判断一项中介活动是否属于经纪活动的依据是（　　）。
   A. 合同生效的条件　　　　　B. 参与活动的主体
   C. 采用的合同形式　　　　　D. 活动的报酬形式

3. 美国房地产行业 MLS 系统的主要特点是（　　）。
   A. 信息独立，恶性竞争　　　B. 多重房源商事，无序竞争
   C. 信息共享，同行协助，公平竞争　　D. 房源和客源信息的集中垄断，限制竞争

4. 房地产经纪服务的佣金数额主要由（　　）决定。
   A. 服务时间　　　　　　　　B. 房屋类型
   C. 房屋成交额　　　　　　　D. 房屋面积

5. 房地产代理和房地产居间的共同点是房地产经纪机构（　　）。
   A. 均不占有交易房屋　　　　B. 均可赚取差价
   C. 均可向双方收取佣金　　　D. 均可以自己的名义交易

6. 将房地产业务分为房地产代理和房地产居间的依据是（　　）。
   A. 经纪人员业务能力　　　　B. 交易类型
   C. 标的物用途　　　　　　　D. 服务方式

7. 房地产经纪属于（　　）行业。
   A. 物业管理　　　　　　　　B. 房地产开发经营
   C. 房地产中介服务　　　　　D. 房地产租赁经营

二、多选题（每题的备选答案中有 2 个或 2 个以上符合题意）

8. 下列房地产经纪机构承接业务时的做法中，正确的有（　　）。
   A. 可以同时接受交易双方委托的居间业务
   B. 只能接受卖方委托的代理业务
   C. 不经委托即可开展代理业务
   D. 一般情况只能接受交易一方委托的代理业务
   E. 可以接受交易一方委托的居间业务

9. 经纪活动的基本特征有（　　）。
   A. 活动地位的中介性　　　　B. 活动内容的服务性

C. 活动范围的地域性   D. 活动主体的专业性
E. 活动后果的社会性

10. 关于房地产居间的说法，错误的有（   ）。
A. 房地产居间可以分为指示居间和媒介居间
B. 房地产经纪人能以自己的名义订立房地产交易合同
C. 房地产经纪人可以代表委托人订立房地产交易合同
D. 房地产经纪人只能按照委托人的指示和要求从事居间活动
E. 房地产交易完成，可以进行佣金结算

11. 房地产经纪服务的委托人主要有（   ）。
A. 房屋出租人   B. 房屋承租人
C. 房屋出卖人   D. 物业服务企业
E. 房屋购买人

【真题实测答案解析】

1. 【答案】C
【解析】房地产是不动产，房地产市场是区域性市场，无法像其他商品市场那样，通过商品从某个区域向另一个区域的空间移动来平衡不同区域的市场供求。房地产经纪活动范围具有区域性，是因为房地产具有不可移动的特性。
【出处】《房地产经纪职业导论》(第四版) P13

2. 【答案】D
【解析】经纪是"中介"中的一种特定活动，其活动成果以成交来体现，因此，其服务收入的基本形式是佣金。
【出处】《房地产经纪职业导论》(第四版) P4

3. 【答案】C
【解析】美国建立房地产经纪行业的信息共享和协作制度，其核心是多重房源上市服务系统。会员将自己已获取的房源在规定时间内提交给MLS，全体会员都可以使用MLS系统内的房源信息向自己的买方客户推荐，一旦成交，卖方委托的经纪人与买方委托的经纪人按照约定或默认分配方式进行佣金分配。MLS，可以加快房源销售速度。这样就在行业内形成了协作互利、公平竞争的行业运行机制。
【出处】《房地产经纪职业导论》(第四版) P10

4. 【答案】C
【解析】佣金数额一般按商品成交额的一定比率来计算。
【出处】《房地产经纪职业导论》(第四版) P4

5. 【答案】A
【解析】房地产中介：业内习惯称为房地产居间，房地产中介是起源最早的房地产经纪方式。房地产经纪机构和房地产经纪人员可以接受房地产交易中的一方或同时接受房地产交易双方的委托，向一方或双方委托人提供中介服务。房地产代理：房地产经纪机构一般只能接受交易一方的委托开展代理事务，同时也只能向一方收取佣金。房地产代理实质上可分为买方代理和卖方代理。

【出处】《房地产经纪职业导论》(第四版)P7~9

6.【答案】D

【解析】就房地产经纪而言,按照服务方式分类,主要分为房地产居间和房地产代理两大类。

【出处】《房地产经纪职业导论》(第四版)P7

7.【答案】C

【解析】房地产中介服务包括:房地产咨询、房地产估价和房地产经纪等活动。

【出处】《房地产经纪职业导论》(第四版)P25

8.【答案】ADE

【解析】房地产中介,业内习惯称为房地产居间,是起源最早的房地产经纪方式。房地产经纪机构和房地产经纪人员可以接受房地产交易中的一方或同时接受房地产交易双方的委托,向一方或双方委托人提供中介服务。房地产代理:房地产经纪机构一般只能接受交易一方的委托开展代理事务,同时也只能向一方收取佣金。房地产代理实质上可分为买方代理和卖方代理。

【出处】《房地产经纪职业导论》(第四版)P7~9

9.【答案】ABD

【解析】房地产经纪的基本特性:活动主体的专业性;活动地位的中介性;活动目的的交易性;活动内容的服务性;活动报酬的后验性。房地产经纪的专有特性:活动范围的地域性;活动后果的社会性。

【出处】《房地产经纪职业导论》(第四版)P12~13

10.【答案】BC

【解析】房地产中介,业内习惯称为房地产居间,房地产经纪机构和房地产经纪人员可以接受房地产交易中的一方或同时接受房地产交易双方的委托,向一方或双方委托人提供中介服务。无论是接受一方还是双方的委托,在房地产中介活动中,房地产经纪机构和房地产经纪人员始终都是中间人,因此既不能以一方的名义,也不能以自己的名义与第三人订立合同进行房地产交易。房地产经纪人员只能按照委托人的指示和要求从事中介活动。

【出处】《房地产经纪职业导论》(第四版)P7

11.【答案】ABCE

【解析】房地产经纪服务的委托人,即提出房地产经纪服务需要的自然人、法人或者非法人组织,是房地产经纪服务的需求者,主要包括房地产出卖人、出租人、购买人和承租人。

【出处】《房地产经纪职业导论》(第四版)P6

【章节小测】

一、单选题(每题的备选答案中只有1个最符合题意)

1. 关于经纪的说法,下列选项错误的是(   )。

　　A. 经纪属于中介服务中一种无偿的经济活动

　　B. 经纪活动的报酬形式是佣金

C. 经纪这种中介活动的作用是可以提高交易效率
D. 经纪是通过中介、代理、行纪等服务方式，促成委托人与他人交易的活动

2. 从事房地产经纪活动的人员需要经过专业学习和训练并通过考试取得执业资格，这说明房地产经纪服务是（　　）。
A. 中介服务　　　　　　　　B. 有偿服务
C. 无偿服务　　　　　　　　D. 专业服务

3. 房地产代理是指房地产经纪机构在受托权限内，以（　　）的名义与第三方进行交易。
A. 居间人　　　　　　　　　B. 受托人
C. 代理人　　　　　　　　　D. 委托人

4. 全国性房地产经纪行业组织是（　　）。
A. 住房和城乡建设部　　　　B. 国家发展和改革委员会
C. 人力资源和社会保障部　　D. 中国房地产估价师与房地产经纪人学会

5. 下列经纪行为中，占有交易标的是（　　）。
A. 经纪　　　　　　　　　　B. 行纪
C. 经销　　　　　　　　　　D. 包销

6. 我国从事房屋买卖说合的中介被称为"驵侩"的朝代是（　　）。
A. 唐代　　　　　　　　　　B. 元代
C. 明代　　　　　　　　　　D. 汉代

7. 房地产经纪机构或房地产经纪人员向委托人提供订立房地产交易合同的机会或者媒介服务，并向委托人收取佣金的经纪行为是（　　）。
A. 房地产行纪　　　　　　　B. 房地产租赁
C. 房地产中介　　　　　　　D. 房地产代理

8. 为我国房地产经纪行业的迅速发展提供了支撑的是（　　）。
A. 特许经营模式　　　　　　B. 现代企业制度
C. 互联网　　　　　　　　　D. 专业化分工

9. 房地产经纪活动中的代理，是一种（　　）代理。
A. 民事　　　　　　　　　　B. 有权
C. 委托　　　　　　　　　　D. 商事

10. 经纪服务提供方所获得的收入是根据服务结果来最终确定的，这体现经纪活动具有（　　）。
A. 活动主体的专业性　　　　B. 活动地位的中介性
C. 活动内容的服务型　　　　D. 活动报酬的后验性

11. 经纪人受委托人的委托，以自己的名义与第三方进行交易，并承担规定的法律责任的经济行为是（　　）。
A. 居间　　　　　　　　　　B. 代理
C. 行纪　　　　　　　　　　D. 包销

12. 提供土地、房产、物品、无形资产等价格评估和企业资信评估服务的是（　　）中介机构。

A. 公证性 B. 代理性
C. 行纪性 D. 信息服务技术性

二、多选题（每题的备选答案中有2个或2个以上符合题意）

13. 房地产经纪机构和房地产经纪人员在房地产居间活动中，应当（　　）。
    A. 向委托人提供订立房地产的交易合同的媒介服务
    B. 代理购房者申请个人住房抵押贷款
    C. 向委托人报告订立房地产交易合同的机会
    D. 向委托人办理房地产交易登记
    E. 使委托人能够选择符合自己交易目的的房地产

14. 房地产经纪的作用有（　　）。
    A. 监管交易市场，维护市场秩序 B. 降低交易成本，提高交易效率
    C. 规范交易行为，保障交易安全 D. 促进交易公平，维护合法权益
    E. 惩戒不法行为，促进市场规范

15. 房地产经纪作为一种特殊商品的经纪活动，具有的不同于其他经纪活动的特性有（　　）。
    A. 活动主体的专业性 B. 活动范围的地域性
    C. 活动收入的后验性 D. 活动后果的社会性
    E. 活动内容的服务性

16. 委托人向房地产经纪机构支付佣金，主要是对其（　　）的总报酬。
    A. 付出的劳动时间 B. 花费的资金
    C. 承担的风险 D. 投资的金额
    E. 服务效率高

17. 在房地产交易中，完成房屋的流转和配置主要是通过（　　）。
    A. 实物流动 B. 权利流动
    C. 资金流动 D. 信息流动
    E. 区位流动

18. 我国房地产经纪行业发展趋势是（　　）。
    A. 房地产经纪人员职业化 B. 房地产经纪信息标准化
    C. 房地产经纪服务线上化 D. 房地产经纪管理法制化
    E. 房地产经纪流程简单化

【章节小测答案】

1.【答案】A
【解析】经纪，是指经纪人按照合同约定通过中介、代理、行纪等方式，促成委托人与他人的交易，委托人支付报酬的活动。经纪具有有偿性，基本报酬形式是佣金。
【出处】《房地产经纪职业导论》（第四版）P2

2.【答案】D
【解析】房地产经纪是一种专业服务，从事房地产经纪活动的主体具有特殊性。从事房地产经纪活动的机构需要具备相应的资质或条件，从事房地产经纪活动的人员需要经过

专业学习和训练并通过考试取得执业资格。

【出处】《房地产经纪职业导论》（第四版）P6

3.【答案】D

【解析】房地产代理是指房地产经纪机构及房地产经纪人员按照房地产经纪服务合同约定，在代理权限内，以委托人的名义与第三人进行房地产交易，并向委托人收取佣金的经纪行为。

【出处】《房地产经纪职业导论》（第四版）P8

4.【答案】D

【解析】2004年7月12日，民政部批准中国房地产估价师学会更名为中国房地产估价师与房地产经纪人学会，中国房地产估价师与房地产经纪人学会成为主管部门认定的全国性房地产经纪行业组织。

【出处】《房地产经纪职业导论》（第四版）P26

5.【答案】C

【解析】同交易标的之间的关系中，经销占有交易标的，其他不占有交易标的。

【出处】《房地产经纪职业导论》（第四版）P5

6.【答案】D

【解析】汉代对经纪人的专业称谓是"驵侩"。

【出处】《房地产经纪职业导论》（第四版）P17

7.【答案】C

【解析】房地产中介，业内习惯称为房地产居间，是指房地产经纪机构和房地产经纪人员按照房地产经纪服务合同约定，向委托人报告订立房地产交易合同的机会或者提供订立房地产交易合同的媒介服务，撮合交易成功并向委托人收取佣金的经纪行为。房地产中介是起源最早的房地产经纪方式。

【出处】《房地产经纪职业导论》（第四版）P7

8.【答案】C

【解析】2001年之后，互联网逐渐普及，信息技术改变着每个行业，网站成为房地产经纪机构发布房源信息，交易当事人获取房源信息重要的途径，互联网为房地产经纪行业快发展提供了支撑。

【出处】《房地产经纪职业导论》（第四版）P24

9.【答案】D

【解析】房地产经纪机构代理客户与第三方进行房地产交易行为，不同于一般的民事代理，而是一种商事代理行为。

【出处】《房地产经纪职业导论》（第四版）P9

10.【答案】D

【解析】首先，无论经纪服务提供方在经纪服务过程中所提供的各项具体服务内容的数量与质量如何，最终是否能够获得佣金报酬完全取决于经纪服务是否使委托人与交易相对人达成了交易。其次，房地产经纪服务佣金最终由房屋成交额和经纪服务合同约定的佣金与交易成交额比例决定。

【出处】《房地产经纪职业导论》（第四版）P13

11.【答案】C

【解析】行纪是指经纪人受委托人的委托，以自己的名义与第三方进行交易，并承担规定的法律责任的经济行为。居间提供媒介服务，不代表任何一方的名义，代理是以委托人的名义。

【出处】《房地产经纪职业导论》（第四版）P2

12.【答案】A

【解析】公证性中介机构具体指提供土地、房产、物品、无形资产等价格评估和企业资信评估服务，以及提供仲裁、检验、鉴定、认证、公证服务等机构。

【出处】《房地产经纪职业导论》（第四版）P3

13.【答案】AC

【解析】房地产中介，业内习惯称为房地产居间，是指房地产经纪机构和房地产经纪人员按照房地产经纪服务合同约定，向委托人报告订立房地产交易合同的机会或者提供订立房地产交易合同的媒介服务，撮合交易成功并向委托人收取佣金的经纪行为。

【出处】《房地产经纪职业导论》（第四版）P7

14.【答案】BCD

【解析】房地产经纪的作用有：降低交易成本，提高交易效率；规范交易行为，保障交易安全；促进交易公平，维护合法权益。

【出处】《房地产经纪职业导论》（第四版）P15～16

15.【答案】BD

【解析】房地产经纪作为一种特殊商品的经纪活动，具有的不同于其他经纪活动的特性是活动范围的地域性和活动后果的社会性。活动主体的专业性和活动收入的后验性是经纪的自身特性。

【出处】《房地产经纪职业导论》（第四版）P13

16.【答案】ABC

【解析】佣金是经纪服务委托人对经纪服务提供方所付出的劳动时间、花费的资金和承担的风险的总报酬。

【出处】《房地产经纪职业导论》（第四版）P4

17.【答案】BCD

【解析】现实中，房地产交易中无法实现"实物流动"，只能通过"权利流动""资金流动"和"信息流动"来完成房屋建筑的流转和配置。

【出处】《房地产经纪职业导论》（第四版）P11

18.【答案】ACD

【解析】房地产经纪行业发展展望：①房地产经纪人员职业化；②房地产经纪服务线上化；③房地产经纪管理法制化。

【出处】《房地产经纪职业导论》（第四版）P27～28

第二章 房地产经纪专业人员

【章节导引】

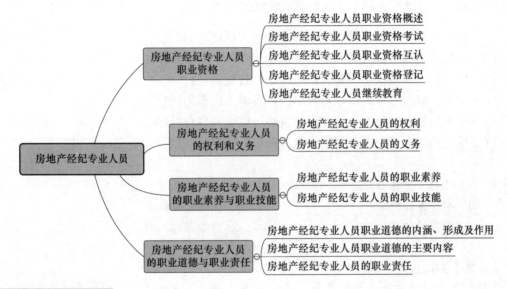

【章节核心知识点】

核心知识点1：房地产经纪专业人员职业资格

房地产经纪专业人员职业资格属于水平评价类专业技术人员职业资格，实施部门是住房和城乡建设部、人力资源和社会保障部、中国房地产估价师与房地产经纪人学会，设定依据是《中华人民共和国城市房地产管理法》和《房地产经纪专业人员职业资格制度暂行规定》（人社部发〔2015〕47号）。

房地产经纪专业人员职业资格分为房地产经纪人协理、房地产经纪人和高级房地产经纪人3个级别。其中，房地产经纪人协理和房地产经纪人职业资格实行统一考试的评价方式。

房地产经纪专业人员职业资格被纳入《国家职业资格目录》（人社部发〔2017〕68号）中，属于专业技术人员职业资格，是我国房地产经纪行业的唯一职业资格。

1．（多选题）关于房地产经纪专业人员职业资格的说法，正确的有（　　）。
　　A．属于水平评价类职业资格　　　　B．是我国房地产经纪行业唯一的职业资格
　　C．跟担任关键岗位没有关系　　　　D．属于地方设立的职业资格
　　E．已被纳入《国家职业资格目录》

【答案】ABE

【解析】房地产经纪专业人员职业资格被纳入《国家职业资格目录》中,是我国房地产经纪行业的唯一职业资格。房地产经纪专业人员职业资格属于水平评价类专业技术人员职业资格。通过考试,取得相应级别职业资格证书的人员,表明其已具备从事房地产经纪专业相应级别专业岗位工作的职业能力和水平。

【出处】《房地产经纪职业导论》(第四版)P31

核心知识点 2:房地产经纪专业人员职业资格的价值

(1)房地产经纪专业人员职业资格是专业人员的独有标识;
(2)房地产经纪专业人员职业资格是合规经营的必要条件;
(3)地产经纪专业人员职业资格是国家的权威认证;
(4)房地产经纪专业人员职业资格是获得更多机会的法宝;
(5)取得房地产经纪专业人员职业资格可以享有各种补贴;
(6)房地产经纪专业人员申请居住证和积分落户可以加分。

1.(多选题)取得房地产经纪专业人员职业资格价值的有(　　)。
　　A. 享有各种补贴　　　　　　B. 获得更多机会
　　C. 国家的权威认证　　　　　D. 服务高端人群
　　E. 合规经营必要条件

【答案】ABCE

【解析】房地产经纪专业人员职业资格的价值有:房地产经纪专业人员职业资格是专业人员的独有标识;房地产经纪专业人员职业资格是合规经营的必要条件;房地产经纪专业人员职业资格是国家的权威认证;房地产经纪专业人员职业资格是获得更多机会的法宝;取得房地产经纪专业人员职业资格可以享有各种补贴;房地产经纪专业人员申请居住证和积分落户可以加分。

【出处】《房地产经纪职业导论》(第四版)P32~34

核心知识点 3:房地产经纪专业人员职业资格登记

房地产经纪专业人员资格证书实行登记服务制度。登记的类别包括初始登记、延续登记、变更登记、注销登记和登记取消。

登记类别	办理情形
初始登记	申请人取得房地产经纪专业人员职业资格证书后首次申请登记。登记注销、登记取消后重新申请登记的,也应办理初始登记
延续登记	登记有效期届满继续从事房地产经纪活动的,按照延续登记办理,并应当于登记有效期届满前 90 日内申请延续登记
变更登记	①变更受聘机构;②受聘机构名称变更;③申请人姓名或身份证件号码变更

登记类别	办理情形
登记注销	①已与受聘机构解除劳动合同且无新受聘机构的；②受聘机构备案证明过期且不备案的；③受聘机构依法终止且无新受聘机构的；④中房学规定的其他情形
登记取消	①以欺骗、贿赂等不正当手段获准登记的；②涂改、转让、出租、出借登记证书的；③受到刑事处罚的；④法律法规及中房学规定应当予以登记取消的其他情形

1. （单选题）登记注销或登记取消后重新申请登记的，应当申请（　　）。
   A. 初始登记　　　　　　　　B. 延续登记
   C. 变更登记　　　　　　　　D. 注销登记

【答案】A

【解析】申请人取得房地产经纪专业人员职业资格证书后首次申请登记。登记注销、登记取消后重新申请登记的，也应办理初始登记。

【出处】《房地产经纪职业导论》（第四版）P40

2. （单选题）房地产经纪专业人员职业资格证书初始登记的有效期是（　　）。
   A. 1年　　　　　　　　　　B. 2年
   C. 3年　　　　　　　　　　D. 5年

【答案】C

【解析】初始登记、延续登记的有效期为3年，有效期起始之日为登记结果公告之日。

【出处】《房地产经纪职业导论》（第四版）P41

核心知识点4：房地产经纪人员的权利

（1）依法发起设立房地产经纪机构的权利；
（2）受聘于房地产经纪机构，担任相关岗位职务的权利；
（3）执行房地产经纪业务的权利；
（4）在房地产经纪服务合同等业务文书上签名的权利；
（5）要求委托人提供与交易有关资料的权利；
（6）拒绝执行受聘机构或者委托人发出的违法指令的权利。
（7）获得合理报酬的权利；
（8）其他权利。

1. （单选题）《房地产经纪管理办法》规定房地产经纪专业人员的权利不包括（　　）。
   A. 获得合理报酬的权利
   B. 以自己的名义承揽经纪业务的权利
   C. 在经办业务的房屋承租经纪服务合同上签名的权利
   D. 要求委托人提供与交易有关资料的权利

【答案】B

【解析】房地产经纪专业人员的权利：①依法发起设立房地产经纪机构的权利；②受

聘于房地产经纪机构，担任相关岗位职务的权利；③ 执行房地产经纪业务的权利；④ 在房地产经纪服务合同等业务文书上签名的权利；⑤ 要求委托人提供与交易有关资料的权利；⑥ 拒绝执行受聘机构或者委托人发出的违法指令的权利；⑦ 获得合理报酬的权利；⑧ 其他权利。房地产经纪人员不能以个人名义承接房地产经纪业务和收取费用。

【出处】《房地产经纪职业导论》（第四版）P44~45

核心知识点 5：房地产经纪人员的义务

（1）遵守法律、法规、规章、政策和职业规范，恪守职业道德的义务；
（2）不得同时受聘于两个或两个以上房地产经纪机构执行业务的义务；
（3）依法维护当事人的合法权益的义务；
（4）向委托人披露相关信息的义务；
（5）为委托人保守个人隐私及商业秘密的义务；
（6）接受继续教育，不断提高业务水平的义务；
（7）不进行不正当竞争的义务；
（8）接受住房和城乡建设（房地产）行政主管部门和政府相关部门的监督检查的义务。

除以上各项义务外，房地产经纪人还有义务指导房产经纪人协理进行房地产经纪业务。

1.（单选题）房地产经纪专业人员的义务不包括（　　）。
  A. 收取佣金　　　　　　　　　B. 向委托人披露相关信息
  C. 依法维护当事人的合法权益　　D. 接受继续教育，提高业务水平

【答案】A
【解析】房地产经纪人员的义务包括：① 遵守法律、法规、规章、政策和职业规范，恪守职业道德的义务；② 不得同时受聘于两个或两个以上房地产经纪机构执行业务的义务；③ 依法维护当事人合法权益的义务；④ 向委托人披露相关信息的义务；⑤ 为委托人保守个人隐私及商业秘密的义务；⑥ 接受继续教育，不断提高业务水平的义务；⑦ 不进行不正当竞争的义务；⑧ 接受住房和城乡建设（房地产）行政主管部门和政府相关部门的监督检查的义务。收取佣金是房地产经纪专业人员的权利。

【出处】《房地产经纪职业导论》（第四版）P45~46

核心知识点 6：房地产经纪人员的知识结构

由于房地产经纪活动的专业性和复杂性，房地产经纪人员必须拥有完善的知识结构。这一知识结构的核心是房地产经纪专业知识，即房地产经纪的基本理论与实务知识。该核心的外层是与房地产经纪相关的专业基础知识，包括经济知识、法律知识、社会知识、房地产专业知识、互联网知识、科学技术知识，最外层则是能对房地产经纪人员的文化修养和心理素质产生潜移默化影响的人文（如文学、艺术、哲学等）和心理方面的知识。

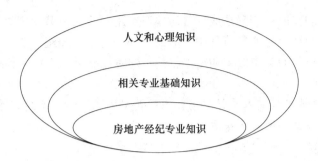

1.（单选题）房地产经纪人员必须拥有完善的知识结构，这一知识结构的核心是（　　）。

　　A. 专业基础知识　　　　　　B. 互联网知识
　　C. 科学技术知识　　　　　　D. 房地产经纪专业知识

【答案】D
【解析】房地产经纪人员知识结构的核心是房地产经纪专业知识，即房地产经纪的基本理论和实务知识。
【出处】《房地产经纪职业导论》（第四版）P46

核心知识点 7：房地产经纪人员的职业技能

（1）信息收集的技能：信息是房地产经纪专业人员开展经纪业务的重要资源。首先，一般信息搜集技能，包括对日常得到的信息进行搜寻、鉴别、分类、整理、储存和快速检索的能力。其次，特定信息搜集技能，包括：根据特定业务需要，准确把握信息搜集的内容、重点、渠道，并灵活运用各种信息收集方法和渠道，快速有效地搜集到针对性信息。

（2）产品分析的技能：房地产经纪专业人员能运用相关分析方法，从标的房地产的物质特征、权属特征、区位和市场吸引力等方面分析其优劣，从而判断其可能的交易对象、交易难度乃至交易价格的范围的能力。

（3）市场分析的技能：房地产经纪专业人员根据所掌握的信息，采用一定的方法对其进行分析，进而对市场供给、需求、价格的现状及变化趋势进行判断。对信息的分析方法包括：简单统计分析、比较分析、因果关系分析等。

（4）人际沟通的技能：房地产经纪专业人员需要通过与这些人的沟通，将自己的想法传达给对方，并对对方产生一定的影响，使对方在思想上认同自己的想法，并在行动上予以支持。

（5）供求搭配的技能：房地产经纪专业人员是以促成交易为己任的，因此不论是在居间业务，还是代理业务中，都需要同时考虑交易双方的需求，其实质也就是要使供求双方在某一宗（或数宗）房地产交易上达成一致。它在实务操作中，常常表现为房地产经纪专业人员是否能在较短的时间内完成供求搭配，从而尽可能实现每一个交易机会。

（6）议价谈判的技能：议价谈判中，最为重要的是两点：一是要将坚持原则与适当让步有机结合；二是要将把控主动权与营造良好的谈判氛围有机结合。

(7) 促成交易的技能：交易达成，是房地产经纪专业人员劳动价值得以实现的基本前提，因此，它是房地产经纪业务流程中关键的一环。房地产经纪专业人员如能把握好成交时机，不仅能提高自己的工作效率和经济收益，同时也能增加客户的利益。

1.（单选题）房地产经纪人员根据委托人的购买要求，能够迅速搜寻房源、市场供求、市场价格等方面的信息，说明该房地产经纪人员具有（　　）的技能。

A. 供需搭配　　　　　　　　B. 市场分析
C. 产品分析　　　　　　　　D. 信息搜集

【答案】D

【解析】信息收集的技能：首先，一般信息搜集技能，包括对日常得到的信息进行搜寻、鉴别、分类、整理、储存和快速检索的能力。其次，特定信息搜集技能，包括：根据特定业务需要，准确把握信息搜集的内容、重点、渠道，并灵活运用各种信息收集方法和渠道，快速有效地搜集到针对性信息。

【出处】《房地产经纪职业导论》（第四版）P51

2.（单选题）根据已有的数据信息计算某些数据指标，这种对信息的分析方法是（　　）。

A. 比较分析　　　　　　　　B. 反算分析
C. 因果关系分析　　　　　　D. 简单统计分析

【答案】D

【解析】简单统计分析：根据已有的数据信息计算某些数据指标，如平均单价、收益倍数等。

【出处】《房地产经纪职业导论》（第四版）P52

核心知识点 8：房地产经纪人员职业道德的主要内容

（1）遵纪守法：房地产经纪专业人员是以促使他人的房地产交易成立作为自己的服务内容的，因此，必须严格遵守有关的规律、法规；否则，自己的服务就不能实现其价值，自己也就失去了立身之本。

（2）规范执业：房地产经纪是一种服务活动，具有"生产与消费同时性"特征。因此，房地产经纪服务质量体现在服务过程之中，一旦出现质量问题，难以通过"返工"来改正。

（3）诚实守信："诚"的第一要义是真诚，即真心以客户的利益为己任。"诚"的第二要义是坦诚，即诚实地向客户告知自己的所知。

（4）尽职尽责：第一，房地产经纪专业人员绝不能为图轻松而省略，也不能马马虎虎，敷衍了事。第二，房地产经纪专业人员要真正承担起自己的职业责任，还必须不断提高自己的专业水平。第三，除非客户涉及违法，否则房地产经纪专业人员决不能将客户的机密泄露出去，更不能以此谋利，应该替客户严守秘密，充分保护客户的利益。第四，房地产经纪专业人员首先必须做到在聘用合同期内忠于自己的机构，不随意"跳槽"或"脚踩数条船"；同时，在言谈举止和经纪行为上都要从维护公司信誉出发，决不做有损公司信誉、品牌的事情。

（5）公平竞争：房地产经纪专业人员首先必须不怕竞争、勇于竞争。这就要求其以坦然的心态、公平的方式参与竞争。

1.（单选题）房地产经纪人员从（　　）的要求出发，一定要树立"不成交不收费"的观念。
  A. 真诚   B. 坦诚
  C. 虔诚   D. 诚实
【答案】A
【解析】从"真诚"要求出发，房地产经纪人员一定要树立"不成交不收费的观念"。
【出处】《房地产经纪职业导论》（第四版）P58

【真题实测】

一、单选题（每题的备选答案中只有1个最符合题意）

1. 关于房地产经纪专业人员的说法，错误的是（　　）。
  A. 房地产经纪专业人员应当参加继续教育
  B. 房地产经纪专业人员应当办理职业资格证书登记
  C. 房地产经纪专业人员只能在所在省、自治区、直辖市范围内执业
  D. 中国港澳台地区的房地产经纪人员也可以取得房地产经纪专业人员职业资格

2. 房地产经纪专业人员职业资格证书的登记服务工作由（　　）负责。
  A. 人力资源和社会保障部   B. 住房和城乡建设部
  C. 国家工商行政管理总局   D. 中国房地产估价师与房地产经纪人学会

3. 房地产经纪人张某在售楼处接待了一组客户，在很短的时间内就准确了解了他们各自想要什么样的房子，并分别为他们做了推荐。这体现了张某具有（　　）的职业技能。
  A. 市场分析   B. 信息收集
  C. 产品分析   D. 供需搭配

4. 下列情形中，房地产经纪人无需办理变更登记的是（　　）。
  A. 房地产经纪人变更了其执业的房地产经纪机构
  B. 房地产经纪人姓名发生了变更
  C. 房地产经纪人所受聘机构的法定代表人发生了变更
  D. 房地产经纪人所受聘机构的名称发生了变更

5. 下列人员中，有资格报考房地产经纪人职业资格考试的是（　　）。
  A. 张某，大学本科学历，工作满3年，其中从事房地产经纪业务工作满2年
  B. 王某，大专学历，工作满6年，其中从事房地产经纪业务工作满2年
  C. 李某，大学双学位，工作满2年，其中从事房地产经纪业务工作满1年
  D. 朱某，硕士学历，工作满2年，其中从事房地产经纪业务工作满1年

6. 房地产经纪人申请房地产经纪专业人员职业资格证书登记时，应符合的条件是（　　）。
  A. 达到地方行业组织规定的继续教育合格标准

B. 最近 2 年内未被登记取消

C. 其受聘的房地产经纪机构已实现连续盈利

D. 其受聘的房地产经纪机构已在房地产主管部门备案

7. 房地产经纪机构接受业务委托时，应当在房地产经纪服务合同上签名的是（　　）。

  A. 该房地产经纪机构的财务主管　　B. 执行该业务的房地产经纪专业人员

  C. 该房地产经纪门店经理　　　　　D. 该房地产经纪机构的总经理

8. 取得房地产估价师资格证书的人员报考房地产经纪人职业资格考试的，可免试的科目是（　　）。

  A.《房地产经纪职业导论》　　　　B.《房地产交易制度政策》

  C.《房地产经纪业务操作》　　　　D.《房地产经纪专业基础》

9. 无免试资格的李某于 2017 年报考房地产经纪专业人员职业资格考试，此次考试通过了 3 个科目，这三个科目的成绩最长会保留至（　　）年。

  A. 2021　　　　　　　　　　　　　B. 2020

  C. 2019　　　　　　　　　　　　　D. 2018

10. 下列职业技能中，房地产经纪人应具备的是（　　）。

  A. 房屋质量鉴定　　　　　　　　　B. 房屋设施设备维护

  C. 房屋安全鉴定　　　　　　　　　D. 房地产市场分析

11. 下列房屋出售委托人的要求中，房地产经纪人应当拒绝的是（　　）。

  A. 调整出售房屋的挂牌价格　　　　B. 隐瞒出售房屋的瑕疵

  C. 与其他房地产经纪人联卖　　　　D. 签订书面房地产经纪服务合同

二、多选题（每题的备选答案中有 2 个或 2 个以上符合题意）

12. 房地产经纪专业人员的义务包括（　　）。

  A. 接受继续教育，提高业务水平　　B. 依法维护当事人的合法权益

  C. 向委托人披露相关信息　　　　　D. 为委托人保守个人隐私及商业秘密

  E. 收取佣金

13. 房地产经纪人享有（　　）的权利。

  A. 依法设立房地产经纪机构

  B. 以自己的名义收取房地产经纪服务佣金

  C. 在经办业务的房屋承租经纪服务合同上签名

  D. 拒绝执行委托人要求协助骗取购房资格的指令

  E. 在其他房地产经纪机构兼职并获得合理报酬

14.《房地产经纪管理办法》中所称的房地产经纪人员包括（　　）。

  A. 房地产置业顾问　　　　　　　　B. 商品房销售员

  C. 权证办理人员　　　　　　　　　D. 房地产经纪人协理

  E. 房地产经纪人

15. 我国房地产经纪专业人员职业资格类别有（　　）。

  A. 房地产经纪人协理　　　　　　　B. 房地产经纪人

  C. 高级房地产经纪人　　　　　　　D. 资深房地产经纪人

  E. 中级房地产经纪人

16. 取得房地产经纪人职业资格证书的人应当具备的职业能力有（   ）。
    A. 熟悉房地产交易流程
    B. 简单了解房地产经纪行业的法律法规
    C. 能协助高级房地产经纪人工作
    D. 能准确预测未来 1 年的房地产市场价格
    E. 能指导房地产经纪人协理工作
17. 房地产经纪人对房地产进行产品分析时，一般从（   ）等方面进行分析。
    A. 市场吸引力   B. 物质特征
    C. 供需搭配   D. 所处区位
    E. 权属特征

【真题实测答案解析】

1. 【答案】C
【解析】房地产经纪专业人员职业资格证书与其他专业技术人员的职业资格证书一样，都带有国徽，是国家级的权威认证。在全国范围有效。
【出处】《房地产经纪职业导论》（第四版）P33

2. 【答案】D
【解析】2015 年 6 月，人力资源和社会保障部、住房和城乡建设部发布《房地产经纪专业人员职业资格制度暂行规定》，确定房地产经纪专业人员资格证书实行登记服务制度，登记服务的具体工作由中国房地产估价师与房地产经纪人学会负责。
【出处】《房地产经纪职业导论》（第四版）P39

3. 【答案】D
【解析】房地产经纪人张某在很短的时间内就准确了解了他们各自想要什么样子的房子，并分别为他们做了推荐，这体现了张某具有供需搭配的职业技能。
【出处】《房地产经纪职业导论》（第四版）P53

4. 【答案】C
【解析】需要申请变更的情形是：① 变更受聘机构；② 受聘机构名称变更；③ 申请人姓名或者身份证件号码变更。
【出处】《房地产经纪职业导论》（第四版）P40

5. 【答案】D
【解析】本科学历，应工作满 4 年，其中从事房地产经纪业工作满 2 年；大专学历，应工作满 6 年，从事房地产经纪业务工作满 3 年；大学双学位，应工作满 3 年，从事房地产经纪业务工作满 1 年才可以报考房地产经纪人职业资格考试。
【出处】《房地产经纪职业导论》（第四版）P36

6. 【答案】D
【解析】房地产经纪专业人员职业资格证书登记申请人应具备的条件是：① 取得房地产经纪专业人员职业资格证书；② 受聘于在住房和城乡建设（房地产）主管部门备案的房地产经纪机构（含分支机构，以下简称受聘机构）；③ 达到中房学规定的继续教育合格标准；④ 最近 3 年内未被登记取消；⑤ 无法律法规或者相关规定不予登记的情形。

【出处】《房地产经纪职业导论》(第四版) P39

7.【答案】B

【解析】《房地产经纪管理办法》规定"房地产经纪机构签订的房地产经纪服务合同，应当加盖房地产经纪机构印章，并由从事该业务的一名房地产经纪人或者两名房地产经纪人协理签名"。

【出处】《房地产经纪职业导论》(第四版) P44

8.【答案】B

【解析】通过全国统一考试，取得房地产估价师资格证书的人员；通过全国统一考试，取得经济专业技术资格"房地产经纪"专业中级资格证书的人员；或按照国家统一规定评聘高级经济师职务的人员，可免试房地产经纪人职业资格《房地产交易制度政策》1个科目。

【出处】《房地产经纪职业导论》(第四版) P35~36

9.【答案】B

【解析】参加房地产经纪人职业资格考试的人员，必须在连续的4个考试年度内通过全部（4个）科目的考试。

【出处】《房地产经纪职业导论》(第四版) P35

10.【答案】D

【解析】房地产经纪专业人员的职业技能包括：① 信息收集的技能；② 产品分析的技能；③ 市场分析的技能；④ 人际沟通的技能；⑤ 供需搭配的技能；⑥ 议价谈判的技能；⑦ 交易促成的技能。

【出处】《房地产经纪职业导论》(第四版) P51~54

11.【答案】B

【解析】房地产经纪专业人员的权利主要包括：① 依法发起设立房地产经纪机构的权利；② 受聘于房地产经纪机构，担任相关岗位职务的权利；③ 执行房地产经纪业务的权利；④ 在房地产经纪服务合同等业务文书上签名的权利；⑤ 要求委托人提供与交易有关资料的权利；⑥ 拒绝执行受聘机构或者委托人发出的违法指令的权利；⑦ 获得合理报酬的权利；⑧ 其他权利。

【出处】《房地产经纪职业导论》(第四版) P44~45

12.【答案】ABCD

【解析】房地产经纪专业人员的义务有：① 遵守法律、法规、规章、政策和职业规范，恪守职业道德的义务；② 不得同时受聘于两个或两个以上房地产经纪机构执行业务；③ 依法维护当事人的合法权益的义务；④ 向委托人披露相关信息的义务；⑤ 为委托人保守个人隐私及商业秘密的义务；⑥ 接受继续教育，不断提高业务水平的义务；⑦ 不进行不正当竞争的义务；⑧ 接受住房和城乡建设（房地产）行政主管部门和政府相关部门的监督检查的义务。

【出处】《房地产经纪职业导论》(第四版) P45~46

13.【答案】ACD

【解析】房地产经纪专业人员享有的权利有：① 依法设立房地产经纪机构的权利；② 受聘于房地产经纪机构，担任相关岗位职务的权利；③ 执行房地产经纪业务的权利；

④在房地产经纪服务合同等业务文书上签名的权利；⑤要求委托人提供与教育有关资料的权利；⑥拒绝执行受聘机构或者委托人发出的违法指令的权利；⑦获得合理报酬的权利；⑧依法享有的其他权利。

【出处】《房地产经纪职业导论》（第四版）P44～45

14.【答案】DE

【解析】《房地产经纪管理办法》第二章第八条：设立房地产经纪机构和分支机构，应当具有足够数量的房地产经纪人员。本办法所称房地产经纪人员，是指从事房地产经纪活动的房地产经纪人和房地产经纪人协理。

【出处】《房地产经纪职业导论》（第四版）P41

15.【答案】ABC

【解析】我国房地产经纪专业人员职业资格分为房地产经纪人协理、房地产经纪人和高级房地产经纪人3个级别。

【出处】《房地产经纪职业导论》（第四版）P30

16.【答案】ACE

【解析】取得房地产经纪人职业资格证书的人员应当具备的职业能力包括：①熟悉房地产经纪行业的法律法规和管理规定；②熟悉房地产交易流程，能完成较为复杂的房地产经纪工作并处理解决房地产经纪业务的疑难问题；③能运用丰富的房地产实践经验，分析判断房地产市场的发展趋势，开拓创新房地产经纪业务；④能指导房地产经纪人协理和协助高级房地产经纪人工作。

【出处】《房地产经纪职业导论》（第四版）P32

17.【答案】ABDE

【解析】产品分析技能是指房地产经纪专业人员能运用相关分析方法，从标的房地产的物质特征、权属特征、区位和市场吸引力等方面分析其优劣，从而判断其可能的交易对象、交易难度乃至交易价格的范围的能力。

【出处】《房地产经纪职业导论》（第四版）P51

【章节小测】

一、单选题（每题的备选答案中只有1个最符合题意）

1. 房地产经纪人员以自己拥有的房地产专业知识，信息和市场经验来为客户提供服务，这体现经纪人员的职业道德是（　　）。

　　A. 遵纪守法　　　　　　　　B. 诚实守信
　　C. 规范执业　　　　　　　　D. 尽职尽责

2. 房地产经纪人员在经纪活动中，除非客户涉及违法，应严格替客户保守秘密，充分保护客户的利益，这体现经纪人员的职业道德是（　　）。

　　A. 遵纪守法　　　　　　　　B. 诚实守信
　　C. 规范执业　　　　　　　　D. 尽职尽责

3. 房地产经纪人员在聘用合同期内，不随意"跳槽"或"脚踩数条船"，这体现经纪人员的职业道德是（　　）。

　　A. 遵纪守法　　　　　　　　B. 诚实守信

  C. 尽职尽责　　　　　　　　　D. 规范执业

4. 房地产经纪人员恶意诋毁同行，降低佣金来争取客户，违背了职业道德中（　　）的基本要求。

  A. 爱岗敬业　　　　　　　　　B. 公平竞争
  C. 尽职尽责　　　　　　　　　D. 诚实守信

5. 房地产经纪人员门店接待了一位客户，经过十几分钟交谈，就准确了解了客户的需求，并推荐恰当的房源，这体现了房地产经纪人员的（　　）。

  A. 促成交易的技能　　　　　　B. 产品分析的技能
  C. 供需搭配的技能　　　　　　D. 市场分析的技能

6. 房地产经纪人员能准确地判断出客户犹豫的真正原因和成交条件是否成熟，如果条件成熟，能灵活地采用有关方法来消除客户的疑虑，从而使得交易达成，这体现了房地产经纪人员具有（　　）。

  A. 促成交易的技能　　　　　　B. 产品分析的技能
  C. 市场分析的技能　　　　　　D. 供求搭配的技能

7. 房地产经纪人员未按规定发布广告、过高收取佣金主要违反了职业道德基本要求中的（　　）。

  A. 遵纪守法　　　　　　　　　B. 规范执业
  C. 诚实守信　　　　　　　　　D. 尽职尽责

8. 把房地产经纪人称为房地产销售员的国家是（　　）。

  A. 美国　　　　　　　　　　　B. 日本
  C. 法国　　　　　　　　　　　D. 德国

9. 高中学历，取得房地产经纪人协理职业资格证书后，从事经纪业务满（　　）年，可以考取房地产经纪人职业资格证书。

  A. 6　　　　　　　　　　　　　B. 4
  C. 3　　　　　　　　　　　　　D. 2

10. 以欺骗、贿赂等不正当手段获准登记的，一经查证，应予以（　　）。

  A. 延续登记　　　　　　　　　B. 登记取消
  C. 登记注销　　　　　　　　　D. 变更登记

11. 人力资源和社会保障部印发《专业技术人员继续教育规定》（人力资源和社会保障部令25号），规定专业技术人员参加继续教育学的时间每年累计不得少于（　　）学时。

  A. 20　　　　　　　　　　　　B. 30
  C. 60　　　　　　　　　　　　D. 90

12. 房地产经纪人员无照、无证执业经营违反了（　　）职业道德。

  A. 尽职尽责　　　　　　　　　B. 诚实守信
  C. 规范执业　　　　　　　　　D. 遵纪守法

13. 侵犯经纪合同约定债权之外的其他权利而承担的民事责任是（　　）。

  A. 侵权责任　　　　　　　　　B. 违约责任
  C. 法律责任　　　　　　　　　D. 刑事责任

二、多选题（每题的备选答案中有 2 个或 2 个以上符合题意）

14. 房地产经纪人员的尽职尽责主要体现在（　　）。
    A. 不成交不收费　　　　　　B. 以客户的利益为己任
    C. 不做有损公司信誉的事情　　D. 提高专业技能
    E. 加强理论知识学习

15. 承担侵权责任的方式主要有（　　）。
    A. 强制履行　　　　　　　　B. 停止侵害
    C. 排除妨碍　　　　　　　　D. 恢复名誉
    E. 赔礼道歉

16. 房地产经纪人员在经纪活动中触犯刑法的，司法机关追究其的刑事责任的方式有（　　）。
    A. 管制　　　　　　　　　　B. 拘役
    C. 死刑　　　　　　　　　　D. 有期徒刑
    E. 强制履行

17. 下列选项中，属于房地产经纪专业人员人际沟通技能的是（　　）。
    A. 准确的市场分析　　　　　B. 了解客户心理活动和基本想法
    C. 就佣金金额与客户讨价还价　D. 适当运用向客户传达意思的方式
    E. 把握谈判的主动权

18. 房地产经纪人员职业道德的主要内容包括（　　）。
    A. 公平竞争　　　　　　　　B. 诚实守信
    C. 机智果断　　　　　　　　D. 业绩至上
    E. 尽职尽责

19. 房地产经纪机构未按照规定保存房地产经纪服务合同的，罚则是（　　）。
    A. 限期整改　　　　　　　　B. 记入信用档案
    C. 对房地产经纪机构处 5 万元罚款　D. 取消网签资格
    E. 对经纪人员处 1 万元罚款

【章节小测答案】

1.【答案】D
【解析】"尽职尽责"主要体现四个方面：一是不能图轻松而省略，也不能马马虎虎，敷衍了事；二是以自己拥有的房地产专业知识、信息和市场经验来为客户提供服务；三是不能将客户的机密泄露出去，四是房地产经纪人员要做到在聘用合同期内忠于自己的机构，不随意"跳槽"或"脚踩数条船"，且绝不做有损公司信誉、品牌的事情。
【出处】《房地产经纪职业导论》（第四版）P59

2.【答案】D
【解析】除非客户涉及违法，否则房地产经纪人员绝不能将客户的机密泄露出去，更不能以此牟利，这体现经纪人员的职业道德是尽职尽责。
【出处】《房地产经纪职业导论》（第四版）P59

3.【答案】C

【解析】从承担自身责任的要求出发，房地产经纪人员必须做到在聘用合同期内忠于自己的机构，不随意"跳槽"或"脚踩数条船"，同时在言谈举止和经纪行为上都要从维护公司信誉出发，决不做有损公司信誉、品牌的事情，这体现经纪人员的职业道德是尽职尽责。

【出处】《房地产经纪职业导论》（第四版）P59

4.【答案】B

【解析】房地产经纪专业人员首先必须不怕竞争、勇于竞争。这就要求其以坦然的心态、公平的方式参与竞争。那些诋毁同行、恶意削价等不正当的竞争方式，实质上是不敢进行公平竞争的表现。

【出处】《房地产经纪职业导论》（第四版）P60

5.【答案】C

【解析】房地产经纪专业人员不仅要充分知晓这种搭配的具体方法，更要能熟练掌握，从而使之内化为自身的一种能力，这就是供求搭配的技能。它在实务操作中，常常表现为房地产经纪专业人员是否能在较短的时间内完成供求搭配，从而尽可能实现每一个交易机会。

【出处】《房地产经纪职业导论》（第四版）P53

6.【答案】A

【解析】房地产经纪人员应能准确判断客户犹豫的真正原因和成交的条件是否成熟，如果成交条件已成熟则能灵活采用有关方法来消除客户的疑虑，从而使交易达成，这就是促成交易的技能。

【出处】《房地产经纪职业导论》（第四版）P53~54

7.【答案】A

【解析】遵纪守法本是每个公民的基本道德修养。房地产经纪专业人员首先必须遵守政府对房地产经纪行业上岗、开业的规定，不得无照、无证执业和经营；其次，在房地产经纪活动的各个环节，如接受委托、签订合同、发布广告、收取佣金等环节，都必须遵守有关法律、法规的规定。

【出处】《房地产经纪职业导论》（第四版）P57

8.【答案】A

【解析】美国把房地产经纪人员分为房地产经纪人和房地产销售员。

【出处】《房地产经纪职业导论》（第四版）P30

9.【答案】A

【解析】通过考试取得房地产经纪人协理职业资格证书后，从事房地产经纪业务工作满6年可报考经纪人考试，报考协理证书的最低要求为中专或高中，取得协理证后从事房地产经纪业务工作满6年方可符合经纪人的报考条件。

【出处】《房地产经纪职业导论》（第四版）P36

10.【答案】B

【解析】登记取消的情形：① 以欺骗、贿赂等不正当手段获准登记的；② 涂改、转让、出租、出借登记证书的；③ 受到刑事处罚的；④ 法律法规及中房学规定应当予以登记取消的其他情形。

【出处】《房地产经纪职业导论》(第四版) P41

11.【答案】D

【解析】2015年8月3日,人力资源和社会保障部印发《专业技术人员继续教育规定》(人力资源和社会保障部令25号),提高对房地产经纪专业人员等专业技术人员继续教育的要求,规定专业技术人员参加教育的时间每年累计不少于90学时。

【出处】《房地产经纪职业导论》(第四版) P42

12.【答案】D

【解析】遵纪守法是每个公民的基本道德修养。房地产经纪人员首先必须遵守政府对房地产经纪行业上岗、开业的规定,不得无照、无证执业和经营,其次,在房地产经纪活动的各个环节,如接受委托、签订合同、发布广告、收取佣金等环节都必须遵守有关法律、法规的规定。

【出处】《房地产经纪职业导论》(第四版) P57

13.【答案】A

【解析】房地产经纪专业人员执业过程中可能涉及的民事法律责任是侵权责任,侵权责任是指侵犯经纪合同所约定的债权之外的其他权利而应承担的民事责任。

【出处】《房地产经纪职业导论》(第四版) P61

14.【答案】CDE

【解析】尽职尽责:① 绝不能为图轻松而省略,也不能马马虎虎,敷衍了事;② 房地产经纪专业人员是以自己拥有的房地产专业知识、信息和市场经验来为客户提供服务的;③ 应该替客户严守秘密,充分保护客户的利益;④ 房地产经纪专业人员首先必须做到在聘用合同期内忠于自己的机构,不随意"跳槽"或"脚踩数条船",同时,在言谈举止和经纪行为上都要从维护公司信誉出发,决不做有损公司信誉、品牌的事情。AB选项是房地产经纪人职业道德诚实守信的主要内容。

【出处】《房地产经纪职业导论》(第四版) P59

15.【答案】BCDE

【解析】承担侵权责任的主要方式有:① 停止侵害;② 排除妨碍;③ 消除危险;④ 返还财产;⑤ 恢复原状;⑥ 赔偿损失;⑦ 消除影响、恢复名誉;⑧ 赔礼道歉。

【出处】《房地产经纪职业导论》(第四版) P61

16.【答案】ABCD

【解析】房地产经纪专业人员在经纪活动中,触犯刑法的,司法机关必将追究有关责任人的刑事责任,包括限制人身自由的管制、拘役、有期徒刑、无期徒刑,乃至死刑。

【出处】《房地产经纪职业导论》(第四版) P62

17.【答案】BD

【解析】人际沟通的技能包括:了解对方心理活动和基本思想的技能、适当运用向对方传达意思方式的技能、把握向对方传达关键思想的时机的技能。

【出处】《房地产经纪职业导论》(第四版) P52

18.【答案】ABE

【解析】房地产经纪人员职业道德的主要内容包括:① 遵纪守法;② 规范执业;③ 诚实守信;④ 尽职尽责;⑤ 公平竞争。

【出处】《房地产经纪职业导论》(第四版) P57～60

19.【答案】ABE

【解析】房地产经纪服务合同未由从事该业务的一名房地产经纪人或两名房地产经纪人协理签名的罚则包括：由县级以上地方人民政府建设（房地产）主管部门责令限期改正，记入信用档案；对房地产经纪人员处1万元罚款；对房地产经纪机构处1万元以上3万元以下罚款。

【出处】《房地产经纪职业导论》(第四版) P62

第三章 房地产经纪机构的设立与内部组织

【章节导引】

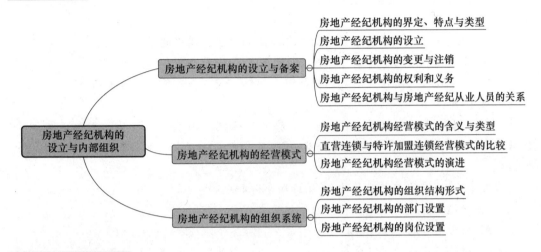

【章节核心知识点】

核心知识点1：房地产经纪机构的界定、特点与类型

1. 房地产经纪机构的界定

房地产经纪机构（包括分支机构），是指依法设立并到市场主体登记所在地的县级以上人民政府建设（房地产）主管部门备案，从事房地产经纪活动的中介服务机构。

《房地产经纪管理办法》第十四条明确规定："房地产经纪业务应当由房地产经纪机构统一承接，服务报酬由房地产经纪机构统一收取。分支机构应当以设立该分支机构的房地产经纪机构名义承揽业务。房地产经纪人员不得以个人名义承接房地产经纪业务和收取费用。"

2. 房地产经纪机构的特点

（1）房地产经纪机构是企业性质的中介服务机构；

（2）房地产经纪机构是轻资产类型的企业；

（3）房地产经纪机构的企业规模具有巨大的可选择范围。

3. 房地产经纪机构的类型

（1）按主营业务范围划分的房地产经纪机构类型：

① 以存量房经纪业务为主的房地产经纪机构；

② 以新建商品房代理业务为主的房地产经纪机构；

③ 以房地产策划、顾问业务为主的房地产经纪机构；

④ 综合性房地产经纪机构；
⑤ 房地产网络经纪企业；
⑥ 其他类型的房地产经纪机构。
（2）按企业组织形式划分的房地产经纪机构类型：
① 公司制房地产经纪机构；
② 合伙制房地产经纪机构；
③ 个人独资房地产经纪机构；
④ 房地产经纪机构设立的分支机构。

1. （单选题）下列关于房地产经纪机构特点的说法，错误的是（　　）。
　　A. 是企业性质的中介服务机构　　B. 是轻资产类型的企业
　　C. 企业规模具有巨大的可选择范围　　D. 可覆盖全部的房地产市场
【答案】D
【解析】房地产经纪机构的特点：① 房地产经纪机构是企业性质的中介服务机构；② 房地产经纪机构是轻资产类型的企业；③ 房地产经纪机构的企业规模具有巨大的可选择范围。
【出处】《房地产经纪职业导论》（第四版）P64~65

2. （多选题）房地产经纪机构按照组织形式划分，可划分为（　　）。
　　A. 公司制房地产经纪机构　　B. 综合性房地产经纪机构
　　C. 网络性房地产经纪企业　　D. 合伙制房地产经纪机构
　　E. 个人独资房地产经纪机构
【答案】ADE
【解析】目前在我国，按房地产经纪机构的组织形式可以将其分为以下几种类型：① 公司制房地产经纪机构；② 合伙制房地产经纪机构；③ 个人独资房地产经纪机构；④ 房地产经纪机构设立的分支机构。
【出处】《房地产经纪职业导论》（第四版）P67

核心知识点2：房地产经纪机构的权利

房地产经纪机构享有以下权利：
（1）在市场主体登记的经营范围内的经营，依法开展各项经营活动，并按约定标准收取佣金及其他服务费用；
（2）按照国家有关规定制定各项规章制度，并以此约束本机构中房地产经纪专业人员的执业行为；
（3）在委托人隐瞒与委托业务有关的重要事项、提供不实信息或者要求提供违法服务时，中止经纪服务；
（4）当委托人给房地产经纪机构或房地产经纪从业人员造成经济损失时，向委托人提出赔偿要求；
（5）向房地产管理部门提出专业培训的要求和建议；

（6）法律、法规和规章规定的其他权利。

1. （多选题）下列属于房地产经纪机构的权利的是（　　）。
   A. 按规定收取费用
   B. 依法缴纳税费
   C. 约束房地产经纪专业人员的执业行为
   D. 提出专业培训要求
   E. 接受监督和检查

【答案】ACD
【解析】B、E选项属于房地产经纪机构的义务。
【出处】《房地产经纪职业导论》（第四版）P72

核心知识点3：房地产经纪机构的义务

房地产经纪机构负有如下义务：
（1）依照法律、法规和政策开展经营活动；
（2）在经营场所公示营业执照、备案证明文件、服务项目、业务流程、收费标准等；
（3）认真履行房地产经纪服务合同，督促房地产经纪人员认真开展经纪业务；
（4）维护委托人的合法权益，按照约定为委托人保守商业秘密；
（5）按照约定标准收取佣金及其他服务费用；
（6）依法缴纳各项税费；
（7）接受房地产管理部门的监督和检查；
（8）法律、法规和规章规定的其他义务。

1. （多选题）下列属于房地产经纪机构的义务的有（　　）。
   A. 在经营场所公示营业执照
   B. 维护委托人合法权益
   C. 提出专业培训的要求
   D. 委托人造成损失时，提出赔偿要求
   E. 履行房地产经纪服务合同

【答案】ABE
【解析】C、D选项属于房地产经纪机构的权利。
【出处】《房地产经纪职业导论》（第四版）P73

核心知识点4：直营连锁与特许加盟连锁经营模式的比较

直营连锁与特许加盟经营连锁的差异

项目	直营连锁	特许加盟经营
连锁经营组织与房地产经纪机构的关系	资产隶属关系	契约合作关系
连锁经营组织的资金	房地产经纪机构投资	加盟者投资

续表

项目	直营连锁	特许加盟经营
连锁经营组织的经营权	非完全独立	完全独立
房地产经纪机构对连锁经营组织的管理	行政管理	合同约束与沟通督导
房地产经纪机构与连锁经营组织的经纪关系	收入、支出统一核算	各自独立核算；连锁经营组织按特许经营合同向特许授权组织支付加盟费

直营连锁模式的优点是：

（1）所有权与经营权的统一，对旗下连锁店直接实行行政管理制度，可控程度高，有利于机构制度的贯彻执行；

（2）信息搜集范围扩大，信息利用率高，在房源、客源不断增加的同时提高了双方的匹配速度，使得成交比例提高；

（3）对员工实行统一的培训和管理，使业务水平提高，客户信任度增大，企业的竞争能力相应提高，同时，完善的培训体系和较大的发展空间可以留住更多优秀的员工。

直营连锁模式的缺点是：

（1）由于直营连锁不仅是经营模式的克隆，还是资本的扩张，每一家连锁分店的扩充，都是由总店直接投资，在企业发展到一定阶段后，容易出现总店资金短缺、周转不开的情况；

（2）在跨区域扩张的时候，还经常出现地域、地方法规、文化等方面的限制，对企业的发展产生了一定的制约；

（3）由于各直营连锁店的自主权力较少，连锁店的工作积极性不高，不利于企业的长期发展。

特许加盟经营模式的优点：

（1）对于特许授权人而言，可以不受资金的限制迅速扩张，品牌影响可以迅速扩大；

（2）在房地产经纪全球化的趋势下，可以加快国际发展进程；

（3）可以降低经营费用，集中精力提高企业的管理水平；

（4）由于特许加盟人财务上自负盈亏，在市场发生变化的情况下，加盟者承担主要风险，降低了特许授权人的风险。

特许加盟经营模式的优点：

（1）如果特许授权人没有一套严密、高效的管理制度，或者管理水平的提升跟不上加盟机构的发展速度时，容易造成整个体系的脱节和分散；

（2）当特许加盟连锁经营企业进入一个新的环境时，如果该环境缺乏保护知识产权的法律、法规体系，或者社会诚信氛围欠佳，就会出现特许授权人对加盟者的管理失控，轻则不能收到授权经营的正常收益，重则可能会由于少数加盟者的不规范经营而致品牌价值受损。

1.（单选题）关于特许经营模式的优势，错误的说法是（　　）。
  A. 受资金限制，扩张速度慢　　B. 品牌影响可以迅速扩大
  C. 可以降低经营费用　　D. 可以提高企业的管理水平

【答案】A

【解析】特许经营模式优点：① 可以不受资金限制迅速扩张，品牌影响可以迅速扩大；② 在房地产经纪全球化的趋势下，可以加快国家发展战略；③ 可以降低经营费用，集中精力提高企业的管理水平；④ 由于特许加盟者财务上自负盈亏，在市场发生变化的情况下，加盟者承担主要风险，降低了特许者的风险。

【出处】《房地产经纪职业导论》（第四版）P78

2.（单选题）下列选项中关于直营连锁模式的优点，说法错误的是（　　）。

　　A. 所有权与经营权统一　　　　B. 信息搜集范围扩大
　　C. 机构经营费用低　　　　　　D. 客户信任度提高

【答案】C

【解析】直营连锁模式的优点有：① 所有权与经营权的统一，对旗下连锁店的可控程度高；② 信息搜集范围扩大，成交比例提高；③ 对员工的统一培训和管理，客户信任度增大。缺点有：① 由于直营连锁不仅是经营模式的克隆，还是资本的扩张，每一家连锁分店的扩充，都是由总店直接投资，在企业发展到一定阶段后，容易出现总店资金短缺、周转不开的情况；② 在跨区域扩张的时候，还经常出现地域、地方法规、文化等方面的限制，对企业的发展产生了一定的制约；③ 由于各直营连锁店的自主权力较少，连锁店的工作积极性不高，不利于企业的长期发展。

【出处】《房地产经纪职业导论》（第四版）P78

核心知识点 5：房地产经纪机构的组织结构形式

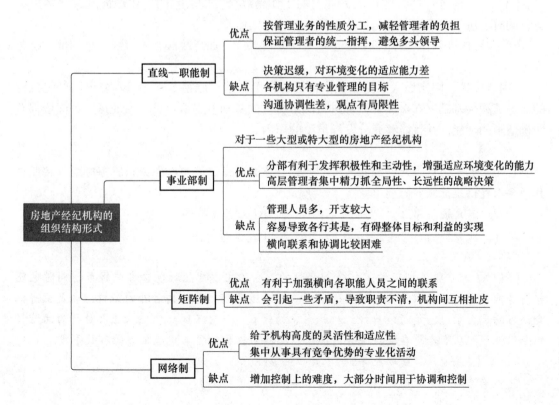

1.（单选题）房地产经纪机构将有些业务特别是与经纪业务密切相关的业务，发包出去，给予机构高度的灵活性和适应性，集中力量从事自己具有竞争优势的专业化活动，这种组织形式是（　　）。

　　A. 直线—职能制组织结构形式　　　B. 事业部制组织结构形式
　　C. 矩阵制组织结构形式　　　　　　D. 网络制组织结构形式

【答案】D

【解析】网络制组织机构中企业总部只保留精干的机构，而将原有的一些基本职能分包出去，由自己的附属企业或其他独立企业去完成。优点在于能够给予机构以高度的灵活性和适应性，特别是适应科技进步快、消费时尚变化快的外部环境，同时机构可以集中力量从事自己具有竞争优势的专业化活动。缺点是将某些职能外包，必须会增加控制上的难度，使得对外包业务完成的质量和水平缺乏强有力和有效的控制。

【出处】《房地产经纪职业导论》（第四版）P84

核心知识点6：房地产经纪机构的部门和岗位设置

房地产经纪机构内的部门不外乎四类：

（1）业务部门：一般由隶属于房地产经纪机构总部的业务部门和分支机构（主要是连锁店）构成。

（2）业务支持部门：业务支持部门主要是为经纪业务开展提供必需的支持及保障的部门，包括交易管理部、网络信息部、研究拓展部、权证部等。

（3）客户服务部门：客户服务部门的工作是综合性的。它的主要职能既包含客户服务，同时也包括对房地产经纪从业人员业务行为的监督。

（4）基础部门：基础部门主要是指一些常设部门，如行政部、人事部、培训部、财务部等。

"因事设岗、因岗设人"是企业内部岗位设置的基本原则。这一原则要求以经纪机构的业务流程为基础，在对业务流程进行细致分析的基础上定编定员，保证每一个岗位都有明确清晰的功能，并且能够充分发挥员工的作用。

1.（单选题）对房地产经纪人员行为进行监督，保证经纪人在提供服务时能够按照机构的要求提供规范服务的部门是（　　）。

　　A. 客户服务部门　　　　　　　　　B. 业务支持部门
　　C. 业务部门　　　　　　　　　　　D. 基础部门

【答案】A

【解析】客户服务部门的工作是综合性的。它的主要职能既包含客户服务，同时也包括对房地产经纪从业人员业务行为的监督。客户服务部门是机构对外的窗口，也是获得社会认可的重要渠道，是房地产经纪机构形象的代表。而对房地产经纪从业人员行为的监督则是保证经纪从业人员在提供服务时能够严格按照机构的要求规范服务的有效手段。

【出处】《房地产经纪职业导论》（第四版）P86

2.（单选题）企业内部岗位设置的基本原则是（　　）。

A. 工作扩大化 B. 与时俱进
C. 工作丰富化 D. 因事设岗、因岗设人

【答案】D
【解析】"因事设岗、因岗设人"是企业内部岗位设置的基本原则。
【出处】《房地产经纪职业导论》(第四版) P86

【真题实测】

一、单选题(每题的备选答案中只有1个最符合题意)

1. 为各层级管理者配备职能机构或人员,充当同级管理者的参谋和助手,但职能机构或人员对下级管理者无权指挥。这种房地产机构的组织结构形式是( )。
   A. 直线制 B. 直线—职能制
   C. 事业部制 D. 矩阵制

2. 美国建立房地产经纪行业的信息共享和协作制度的核心是( )。
   A. MLS系统 B. 双边代理制度
   C. 开放式代理制度 D. 独家代理制度

3. 房地产经纪机构分部制组织结构形式的优点是( )。
   A. 便于各分部之间横向联系和沟通协调
   B. 高层管理者高度集权,能避免多头管理
   C. 方便聘请专家协助管理,弥补管理者的不足
   D. 各分部有较大的自主经营权,有利于发挥各分部管理者的积极性和主动性

4. 房地产经纪机构与门店或分支机构是契约合作关系,并授权门店或分支机构使用其品牌、标识和系统,这种经营模式是( )模式。
   A. 无店铺经营 B. 单店经营
   C. 直营连锁经营 D. 特许加盟连锁经营

5. 下列房地产经纪机构的行为中,不属于房地产经纪机构义务的是( )。
   A. 依照法律、法规和政策开展经营活动
   B. 接受房地产管理部门的监督和检查
   C. 维护委托人的合法权益,为委托人保守商业秘密
   D. 向房地产管理部门提出专业培训的要求和建议

6. 关于无店铺房地产经纪机构特征的说法,正确的是( )。
   A. 主要以租赁业务为主 B. 业务主要来自个人客户
   C. 业务主要来自机构客户 D. 没有固定的经纪服务人员

7. 房地产经纪机构内,负责受理各类客户投诉、监督房地产经纪人服务行为的部门通常是( )。
   A. 权证代办部 B. 网络信息部
   C. 法务管理部 D. 客户服务部

8. 房地产经纪机构增加品牌门店、扩大机构规模、提高门店可控程度的最佳经营模式是( )。

A. 联盟经营 B. 直营连锁经营
C. 特许加盟连锁经营 D. 设立区域办事处

二、多选题（每题的备选答案中有 2 个或 2 个以上符合题意）

9. 房地产经纪机构是（　　）。
A. 轻资产类型的企业 B. 多元化经营的房地产开发企业
C. 企业性质的中介服务机构 D. 资金密集型的企业
E. 规模具有巨大可选择范围的机构

10. 房地产经纪专业人员与房地产经纪机构通过签订劳动合同来确定双方的关系，这种关系体现为（　　）。
A. 挂靠关系 B. 执业关系
C. 代理关系 D. 经济关系
E. 法律责任关系

【真题实测答案解析】

1. 【答案】B
【解析】直线—职能制又称为直线—参谋制，是一种被广泛采用的企业组织结构形式，其特点是为各层次管理者配备职能机构或人员，充当各级管理者的参谋和助手，分担一部分管理工作，但这些职能机构或人员对下级管理者无指挥权。
【出处】《房地产经纪职业导论》（第四版）P81

2. 【答案】A
【解析】美国房地产行业广泛采用 MLS 系统，这一系统实现了房地产经纪人员在整个行业层面的信息共享，是房地产经纪人获取及开展业务的主要渠道。
【出处】《房地产经纪职业导论》（第四版）P76

3. 【答案】D
【解析】房地产经纪机构分部制组织结构形式的优点是各分部有较大的自主经营权，有利于发挥各分部管理者的积极性和主动性，增强其适应环境变化的能力，由于房地产市场具有很强的地域性、细分市场纷繁复杂，这一点尤为重要。
【出处】《房地产经纪职业导论》（第四版）P81

4. 【答案】D
【解析】契约合作关系，即直接从事经营活动的组织单元是被房地产经纪机构授权使用其品牌、商业标识、管理模式或其他知识产权独立的企业，这种连锁经营通常被称为特许加盟连锁经营。
【出处】《房地产经纪职业导论》（第四版）P76

5. 【答案】D
【解析】房地产经纪机构的义务：① 依照法律、法规和政策开展经营活动；② 在经营场所公示营业执照、备案证明文件等；③ 认真履行房地产经纪服务合同，督促房地产经纪人员认真开展经纪业务；④ 维护委托人的合法权益，按照约定为委托人保守商业秘密；⑤ 按照约定标准收取佣金及其他服务费用；⑥ 依法缴纳各项税费；⑦ 接受房地产管理部门的监督和检查；⑧ 法律、法规和规章规定的其他义务。

【出处】《房地产经纪职业导论》（第四版）P73

6.【答案】C

【解析】无店铺经营模式是指房地产经纪机构不通过开设店铺来承接业务，而是主要由房地产经纪专业人员乃至房地产经纪机构的高层管理人员走出自己的企业，直接深入各种场所与潜在客户接触来承接业务的一种经营模式。目前在我国，采用无店铺经营模式的主要是以新建商品房经纪业务或存量房商业地产租售代理业务为主的房地产经纪机构，它们的客户主要是机构客户，如房地产开发商、商业房地产业主等。

【出处】《房地产经纪职业导论》（第四版）P75~76

7.【答案】D

【解析】客户服务部门的工作是综合性的。它的主要职能既包含客户服务，同时也包括对房地产经纪从业人员业务行为的监督。权证代办部主要职能包括负责为客户到房地产交易中心办理房地产产权过户、合同登记备案，以及协助客户办理有关商业贷款、公积金贷款申请手续等。网络信息部主要职责是负责信息系统软硬件的管理和维护。法务部主要职能包括为客户提供法律咨询服务。

【出处】《房地产经纪职业导论》（第四版）P85~86

8.【答案】B

【解析】直营连锁经营方式：各连锁店隶属于同一个所有者和管理者，所有者和管理者对各连锁店具有绝对的控制权，因此更容易管理，更容易贯彻和实施企业的经营理念。联盟经营模式可以接受平台方的强管控也可以弱管控。

【出处】《房地产经纪职业导论》（第四版）P77、P114

9.【答案】ACE

【解析】房地产经纪机构的特点是：① 房地产经纪机构是企业性质的中介服务机构；② 房地产经纪机构是轻资产类型的企业；③ 房地产经纪机构的企业规模具有巨大的可选择范围。

【出处】《房地产经纪职业导论》（第四版）P64~65

10.【答案】BDE

【解析】房地产经纪人员与房地产经纪机构之间的关系通过签订劳动合同来确定双方的关系，这种关系体现为：① 执业关系；② 法律责任关系；③ 经济关系。

【出处】《房地产经纪职业导论》（第四版）P73~74

【章节小测】

一、单选题（每题的备选答案中只有1个最符合题意）

1. 按主营业务范围划分，房地产经纪机构可以划分为（　　）。
   A. 公司制房地产经纪机构　　B. 综合性房地产经纪机构
   C. 个人独资房地产经纪机构　　D. 合伙制房地产经纪机构

2. 下列关于特许加盟经营模式的说法，错误的是（　　）。
   A. 特许加盟经营模式与房地产经纪机构属于契约合作关系
   B. 特许加盟经营模式的经营权是完全独立的
   C. 特许加盟经营模式的资金由房地产经纪机构投资的

D. 特许加盟经营模式的收入、支出各自独立核算

3. 下列选项中，属于直线—职能制组织结构形式的优点是（　　）。
   A. 机构具有高度的灵活性和适应性　　B. 有利于加强横向职能人员的联系
   C. 减轻管理者的负担　　D. 对环境变化的适应能力强

4. 违反了统一指挥的原则，引起矛盾，导致职责不清，机构间相互扯皮的组织结构形式是（　　）。
   A. 直线—职能制组织结构形式　　B. 事业部制组织结构形式
   C. 网络制组织结构形式　　D. 矩阵制组织结构形式

5. 房地产经纪机构资产中，其核心资产主要是商业模式、品牌、管理制度和（　　）。
   A. 专有技术　　B. 组织形式
   C. 经济增长　　D. 商标

6. 房地产经纪机构的法定代表人发生变更的，应当在变更后（　　）日内办理备案变更手续。
   A. 90　　B. 60
   C. 30　　D. 15

7. 房地产经纪机构注销后不再有资格从事房地产经纪业务，注销后尚未完成的房地产经纪业务不得（　　）。
   A. 与委托人协商处理　　B. 转由他人代为完成
   C. 终止合同赔偿损失　　D. 隐瞒事实收取佣金

8. 根据房地产经纪机构下属分支机构的数量及商业组织形式，房地产经纪机构经营模式可以分为（　　）。
   A. 无店铺模式和有店铺模式
   B. 单店模式、多店模式和连锁经营模式
   C. 直营连锁经营模式和特许加盟连锁经营模式
   D. 物业经营模式和房地产服务模式

9. 下列关于直营连锁与特许经营连锁的差异描述中，正确的是（　　）。
   A. 直营连锁的经营权是完全独立的
   B. 房地产经纪机构对特许加盟连锁的管理是行政管理
   C. 直营连锁是由房地产经纪机构投资的
   D. 特许加盟连锁的收入支出统一核算

10. 对于企业规模很大，业务繁多的房地产经纪机构，宜采用组织结构形式是（　　）。
    A. 直线—职能制　　B. 事业部制
    C. 矩阵制　　D. 网络制

11. 在有连锁店的房地产经纪机构中，业务部门的主要工作是负责规模较大的项目和（　　）。
    A. 业务管理　　B. 调查分析
    C. 制定销售方案　　D. 保障交易安全

12. 房地产经纪机构歇业的最长期限不得超过（　　）。

A. 1年 B. 2年
C. 3年 D. 5年

13. 设立房地产经纪机构，公司名称应当以（　　）作为行业特征。
   A. 房地产中介 B. 房地产经纪
   C. 房地产代理 D. 房地产居间

14. 房地产经纪机构从事房地产经纪等经营活动是以（　　）为目的的市场主体。
   A. 服务 B. 收益
   C. 居间 D. 营利

15. 为经纪业务开展提供必需的支持及保障的部门是（　　）。
   A. 客户服务部门 B. 业务支持部门
   C. 业务部门 D. 基础部门

二、多选题（每题的备选答案中有2个或2个以上符合题意）

16. 房地产经纪机构作为轻资产类型的企业，其核心资产主要有（　　）。
   A. 商业模式 B. 品牌
   C. 管理制度 D. 专有技术
   E. 商标

17. 单店模式和多店模式中的"店"具体指的是（　　）。
   A. 门店 B. 店面
   C. 位置 D. 分支机构
   E. 经纪机构

18. 销售副总经理的主要工作有（　　）。
   A. 对各个案场实施宏观管理控制 B. 各种资源调配
   C. 项目影响方案的审定 D. 负责销售员佣金发放、审核
   E. 评估销售业绩

19. 根据《房地产经纪管理办法》，主管部门应为备案的房地产经纪机构提供（　　）服务。
   A. 保密备案信息 B. 登记信息查询
   C. 交易信息查询 D. 公示信用档案
   E. 交易合同网上签订

【章节小测答案】

1.【答案】B

【解析】根据主营业务范围的不同，目前我国房地产经纪机构可分为以下几种类型：① 以存量房经纪业务为主的房地产经纪机构；② 以新建商品房代理业务为主的房地产经纪机构；③ 以房地产策划、顾问业务为主的房地产经纪机构；④ 综合性房地产经纪机构；⑤ 房地产网络经纪企业；⑥ 其他类型的房地产经纪机构。其余三项都是根据房地产经纪机构的组织形式划分。

【出处】《房地产经纪职业导论》（第四版）P66~68

2.【答案】C

【解析】特许加盟经营模式的资金是由加盟者投资的。
【出处】《房地产经纪职业导论》（第四版）P78

3.【答案】C
【解析】直线—职能制组织结构形式的优点：① 职能机构和人员一般是按管理业务的性质（如销售、企划、财务、人事等）分工，分别从事专业化管理，能够较好地弥补管理者专业能力的不足，并减轻管理者的负担；② 这些职能机构和人员只是同级管理者的参谋和助手，不能直接对下级发号施令，从而保证管理者的统一指挥，避免了多头领导。A 选项是网络制组织结构形式的优点，B 选项是矩阵制组织结构形式的优点，D 选项是事业部制组织结构形式的优点。
【出处】《房地产经纪职业导论》（第四版）P81

4.【答案】D
【解析】采用矩阵制组织结构形式时，由职能机构派出参加横向机构的人员，既受所属职能机构领导，又接受横向机构领导，双重领导违反了统一指挥的原则，又会引起一些矛盾，导致职责不清，机构间相互扯皮的问题，所以在实际运用中高层管理者必须注意协调职能部门与横向机构间的关系，避免可能出现的矛盾和问题。
【出处】《房地产经纪职业导论》（第四版）P84~85

5.【答案】A
【解析】房地产经纪机构的资产中，固定资产比较少，其核心资产主要是商业模式、品牌、管理制度和专有技术等无形资产。
【出处】《房地产经纪职业导论》（第四版）P65

6.【答案】C
【解析】房地产经纪机构（含分支机构）的名称、法定代表人（执行合伙人、负责人）、住所、登记房地产经纪专业人员等备案信息发生变更的，应当在变更后 30 日内，向原备案机构办理备案变更手续。
【出处】《房地产经纪职业导论》（第四版）P72

7.【答案】D
【解析】房地产经纪机构的注销，标志着其主体资格的终止。房地产经纪机构注销应按机构所在地政府主管部门的相关规定进行办理。注销后的房地产经纪机构不再有资格从事房地产经纪业务，注销时尚未完成的房地产经纪业务应与委托人协商处理，可以转由他人代为完成，也可以终止合同并赔偿损失，在符合法律规定的前提下，经委托人约定，还可以用其他方法进行处理。
【出处】《房地产经纪职业导论》（第四版）P72

8.【答案】B
【解析】根据房地产经纪机构下属分支机构的数量及分支机构的商业组织形式，可将房地产经纪机构的经营模式分为单店模式、多店模式和连锁经营模式。
【出处】《房地产经纪职业导论》（第四版）P74~75

9.【答案】C
【解析】A 选项中直营连锁的经营权是非完全独立的。B 选项中房地产经纪机构对特许加盟连锁的管理是合同约束与沟通督导。D 选项中特许加盟连锁的收入支出各自独立核算，连锁经营组织按特许经营合同向房地产经纪支付加盟费。

【出处】《房地产经纪职业导论》（第四版）P78

10.【答案】B

【解析】对于一些大型或特大型的房地产经纪机构而言，由于企业规模很大，业务繁多，不适于采用高层管理者高度集权的直线—职能制形式，则可采用事业部制形式或分部制。

【出处】《房地产经纪职业导论》（第四版）P81

11.【答案】A

【解析】在没有连锁店的经纪机构中，业务部门是直接从事经纪业务的部门。而在有连锁店的经纪机构中，其业务部门的主要工作是业务管理和负责规模较大的业务项目。

【出处】《房地产经纪职业导论》（第四版）P85

12.【答案】C

【解析】房地产经纪机构歇业的最长期限不得超过3年。

【出处】《房地产经纪职业导论》（第四版）P70

13.【答案】B

【解析】设立房地产经纪机构，应当首先向当地市场监督管理部门申请办理工商登记，企业名称应以"房地产经纪"作为其行业特征，经营项目统一核定为"房地产经纪"并按规定提供一定数量的经登记的房地经纪专业人员的信息。

【出处】《房地产经纪职业导论》（第四版）P71

14.【答案】D

【解析】房地产经纪机构是以营利为目的从事房地产经纪等经营活动的市场主体。

【出处】《房地产经纪职业导论》（第四版）P69

15.【答案】B

【解析】业务支持部门主要是为经纪业务开展提供必需的支持及保障的部门，包括交易管理部、网络信息部、研究拓展部、权证部等。

【出处】《房地产经纪职业导论》（第四版）P85

16.【答案】ABCD

【解析】房地产经纪机构的资产中，固定资产所占比例较少，其核心资产主要是商业模式、品牌、管理制度和专有技术等无形资产。

【出处】《房地产经纪职业导论》（第四版）P65

17.【答案】DE

【解析】单店模式和多店模式中的"店"并不是指"门店"，而是指作为房地产经纪机构经营活动的具体组织单元，它可以是经纪机构下属的分支机构（以门店或非门店的形式），也可以是独立的房地产经纪公司。

【出处】《房地产经纪职业导论》（第四版）P75

18.【答案】ABCD

【解析】销售副总经理的主要工作包括：①负责领导经纪门店或销售案场经理的工作，对各个案场实施宏观管理、控制；②负责销售员及各种资源在各案场中的调配；③负责组织各项目的前期谈判和准备工作，以及项目营销方案的审定；④负责销售员、案场经理的佣金发放、审核等工作。

【出处】《房地产经纪职业导论》（第四版）P88

19.【答案】BCDE

【解析】直辖市、市、县人民政府建设主管部门应当构建统一的房地产经纪网上管理和服务平台，为备案的房地产经纪机构提供下列服务：① 房地产经纪机构备案信息公示；② 房地产交易与登记信息查询；③ 房地产交易合同网上签订；④ 房地产经纪信用档案公示；⑤ 法律、法规和规章规定的其他事项。经备案的房地产经纪机构可以取得网上签约资格。

【出处】《房地产经纪职业导论》（第四版）P71

第四章 房地产经纪门店与售楼处管理

【章节导引】

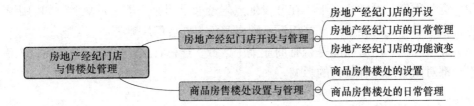

【章节核心知识点】

核心知识点1：房地产经纪门店的开设

目前在我国，以存量住房经纪业务为主的房地产经纪机构，大多采用有店铺经营模式。门店是房地产经纪机构承揽、开展存量房经纪业务的基层组织和具体场所，是房地产经纪机构企业形象展示的主要窗口。开设房地产经纪门店必须充分考虑房地产经纪机构的经营范围和目标市场定位，以符合房地产经纪机构自身的长远发展为前提，周密筹划，合理设置。具体而言，一般应按照以下步骤依次进行：

第一，区域选择：首先要确定目标市场，找准服务对象，然后再依据目标市场、服务对象选择最佳的区域。

第二，店址选择：在所确定的城市区域内选择最佳位置的店铺，且能符合办理营业执照的要求。

第三，租赁谈判和签约。

第四，开业准备。

1. （单选题）房地产经纪门店的开设程序是（　　）。
   A. 区域选择、租赁谈判和签约、店址选择、开业准备
   B. 区域选择、店址选择、租赁谈判和签约、开业准备
   C. 开业准备、区域选择、店址选择、租赁谈判和签约
   D. 开业准备、店址选择、区域选择、租赁谈判和签约

【答案】B

【解析】房地产经纪门店的开设程序为：第一，区域选择；第二，店址选择；第三，租赁谈判和签约；第四，开业准备。

【出处】《房地产经纪职业导论》（第四版）P91～92

核心知识点 2：房地产门店设置的区域选择

选择目标区域前，房地产经纪机构首先应对所在城市各区域的存量房市场进行调查和分析。调查和分析的内容主要应包括下列四方面内容：

（1）房源状况（房屋存量情况、业主情况、房屋转让率及出租率）。

（2）客源状况：客源状况主要是指客流量，包括现有客流量和潜在客流量，客流量大小是门店经营成功的关键因素。影响客流量的因素包括：① 客流类型；② 客流的目的、速度和滞留时间。

（3）竞争程度：通常情况下，在开设地点附近如果同业竞争对手众多，如门店经营独具特色，会吸引一定的客流。与之相反，则要避免与同业门店毗邻。

（4）周边环境：门店周围是否有商业集中区域、居民社区、主要交通站点或人流旺地等因素，都对门店选址有较大的影响。

1.（单选题）房地产经纪门店经营成功的关键因素是（　　）。
  A. 房地产经纪人专业程度　　B. 房地产经纪机构规模大小
  C. 库存房源多少　　D. 客源流量大小

【答案】D

【解析】客源状况主要是指客流量，包括现有客流量和潜在客流量，客流量大小是门店经营成功的关键因素。

【出处】《房地产经纪职业导论》（第四版）P92

核心知识点 3：房地产门店的选址

小核心知识点 3-1：门店选址的原则

（1）主要有保证充足的客源和房源（半径 500m 以内为核心区域，获取本门店客户总数的 55%～70%；半径在 500～1000m 之间的为中间区域，门店获取客户总数的 15%～25%，半径在 1000m 以外的为外围区域，门店获取客户总数的 5% 左右）；

（2）保证良好的展示性；

（3）保证顺畅的交通和可达性；

（4）保证经营的可持续性；

（5）满足工商登记和机构备案的要求。

小核心知识点 3-2：房地产门店环境研究

（1）临路状况：大多数情况下，街道与街道的交接之处（如转角、十字路口、三岔路口），客流较为集中，越往道路中间，客流则逐渐减少。门店如能设置在街道交接处，店面会较为显眼，便于吸引客流。

（2）方位：是指门店的正门的朝向，通常门店正门朝南为佳。

（3）地势：门店地势高于或低于所面临的街道，都有可能会减少门店的客流。通常门店与道路基本同处一个水平面上是最佳的。

（4）与客户的接近度：门店与客户的接近度越高越好。通常衡量客户的接近度应考虑的因素包括：门店前路的宽度、人流量及停留性；人流的结构及行为特点；道路的特性；邻居类型、同业门店的情况；离社区主入口的距离以及是否便于停车等。

1.（单选题）房地产经纪门店最不适合开在（　　）。
 A. 街道拐角处　　　　　　　B. 三岔路口处
 C. 道路靠中间部分　　　　　D. 人流最大街道的一面
【答案】C
【解析】大多数情况下，街道与街道的交接之处（如转角、十字路口、三岔路口），客流较为集中，越往道路中间，客流则逐渐减少。门店如能设置在街道交接处，店面会较为显眼，便于吸引客流。同时，在门店布置时，应尽量将门店的正门设置在人流最大街道的一面。
【出处】《房地产经纪职业导论》（第四版）P94

2.（单选题）门店选址时，获取客户数占本门店客户总数的55%~70%的区域是（　　）。
 A. 核心区域　　　　　　　　B. 中间区域
 C. 外围区域　　　　　　　　D. 稳定区域
【答案】A
【解析】一般是以门店设定点为圆心，以周围1000m距离为半径划定的范围作为该门店的可辐射市场。半径在500m的为核心区域，在该区域内获取的客户通常占本门店客户总数的55%~70%；半径在500~1000m之间的为中间区域，门店从中获取的客户通常占本门店客户总数的15%~25%；半径在1000m以外的为外围区域，门店从中获取的客户通常占本门店客户总数的5%左右。
【出处】《房地产经纪职业导论》（第四版）P93

核心知识点4：门店形象设计的基本原则

（1）符合经纪机构的品牌形象：
根据经纪业务的经营特征，制定相应的装修措施。设计风格要与经纪机构的品牌形象、主色调等保持一致，尽量给人简约、干练的视觉感受。
（2）注重个性化：
设计风格要独具匠心、个性化、便于识别，做到"出众"但不"出位"。这一点对新开业的经纪机构来说尤为重要。门店设计既要显示出房地产经纪行业的特点，又要显示出自身与众不同的个性特点。
（3）注重人性化：
门店设计要符合房地产经纪机构自身目标客户群的"品味"，突出针对性，提升门店给客户带来的亲切感。

1.（单选题）下列选项中，不属于房地产经纪机构门店形象设计原则的是（　　）。
 A. 注重个性化　　　　　　　B. 注重人性化

C. 注重色调的搭配   D. 符合经纪机构的形象

【答案】C

【解析】门店形象设计的原则包括符合经纪机构的形象宣传、注重个性化、注重人性化。

【出处】《房地产经纪职业导论》（第四版）P97

核心知识点5：商品房售楼处的选址

售楼处选址应在售楼处功能要求与项目自身条件约束之间寻求平衡点。具体而言，则有以下必须注意的事项：

（1）保证售楼处的可视性；
（2）保证售楼处的通达性；
（3）保证售楼处的空间容纳性；
（4）保证售楼处与项目（特别是样板房）之间通达的便捷性；
（5）保证进出售楼处人员的安全性；
（6）尽可能减少售楼处的浪费。

1. （多选题）售楼处选址时需要注意的事项有（   ）。
   A. 保证售楼处的可视性   B. 保证售楼处的整洁性
   C. 保证售楼处的通达性   D. 保证售楼处人员的安全性
   E. 尽可能减少售楼处的浪费

【答案】ACDE

【解析】售楼处选址应在售楼处功能要求与项目自身条件约束之间寻求平衡点。具体而言，则有以下必须注意的事项：①保证售楼处的可视性；②保证售楼处的通达性；③保证售楼处的空间容纳性；④保证售楼处与项目（特别是样板房）之间通达的便捷性；⑤保证进出售楼处人员的安全性；⑥尽可能减少售楼处的浪费。

【出处】《房地产经纪职业导论》（第四版）P104～105

【真题实测】

一、单选题（每题的备选答案中只有1个最符合题意）

1. 在房地产经纪门店开设的过程中，目标市场应在（   ）时确定。
   A. 选择店址   B. 选择区域
   C. 准备开业   D. 租赁谈判和签约

2. 房地产经纪门店应具有独立的和尽量宽敞的门面，且门店前不应有任何遮挡物，这主要是因为门店要保证（   ）。
   A. 充足的客源和房源   B. 良好的展示性
   C. 交通的顺畅和可达性   D. 经营的可持续性

3. 为迎合本地居住社区客户群的"口味"，提升客户亲切感，房地产经纪门店设计应（   ）。

A. 注重国际化 B. 突出时尚前卫
C. 注重人性化 D. 注重多样化

二、多选题（每题的备选答案中有 2 个或 2 个以上符合题意）

4. 商品房售楼处选址受售楼处功能定位与项目（　　）等条件的制约。
   A. 地理位置 B. 建筑结构
   C. 规划布局 D. 施工进度
   E. 装饰装修

5. 开设房地产经纪门店，要调查分析门店所在区域内的（　　）。
   A. 客源状况 B. 业主收入情况
   C. 竞争对手情况 D. 房源状况
   E. 周边环境状况

6. 房地产经纪门店的营业目标分配方法包括（　　）。
   A. 店长自行估计法 B. 经纪人员自行预估法
   C. 历史实绩推估法 D. 共同责任分担法
   E. 薪酬等级核定法

7. 房地产经纪机构在选择门店设置区域时，通常需要考虑的因素有（　　）。
   A. 同类型客户和业主的集中程度 B. 周边休闲娱乐设施状况
   C. 房屋存量与周转率 D. 客户的消费形态和结构
   E. 与火车站、机场的距离

【真题实测答案解析】

1.【答案】B

【解析】在房地产经纪门店开设过程中，目标市场应在选择区域时确定，确定在哪些区域设置门店，首先要确定目标市场，找准服务对象。

【出处】《房地产经纪职业导论》（第四版）P91

2.【答案】B

【解析】房地产经纪门店不仅是直接承揽存量房经纪业务的场所，还是房地产经纪机构对外展示企业形象的主要窗口，因此选择地址应尽量保证其有良好的展示性，具体而言，一个好的门店必须具有独立的门面，而且门面应尽量宽一些。同时，门店前不应有任何遮挡物。

【出处】《房地产经纪职业导论》（第四版）P93

3.【答案】C

【解析】门店形象设计的基本原则：① 符合经纪机构的品牌形象：根据经纪业务的经营特征，制定相应的装修措施。设计风格要与经纪机构的品牌形象、主色调等保持一致，尽量给人简约、干练的视觉感受。② 注重个性化：设计风格要独具匠心、个性化、便于识别，做到"出众"但不"出位"。这一点对新开业的经纪机构来说尤为重要。门店设计既要显示出房地产经纪行业的特点，又要显示出自身与众不同的个性特点。③ 注重人性化：门店设计要符合房地产经纪机构自身目标客户群的"品味"，突出针对性，提升门店给客户带来的亲切感。

【出处】《房地产经纪职业导论》(第四版) P97

4.【答案】ACD

【解析】售楼处的位置,对售楼处的功能实现具有直接影响。但售楼处位置的选择,受到项目自身条件(地理位置、规划布局、施工进度等)的制约。

【出处】《房地产经纪职业导论》(第四版) P104

5.【答案】ACDE

【解析】选择目标区域前,房地产经纪机构首先应对所在城市各区域的存量房市场进行调查和分析。调查和分析的主要内容有:① 房源状况;② 客源状况;③ 竞争程度;④ 周边环境。

【出处】《房地产经纪职业导论》(第四版) P92~93

6.【答案】ABCD

【解析】房地产经纪门店的营业目标分配方法主要有:① 店长自行估计法;② 经纪人员自行预估法;③ 历史实绩推估法;④ 共同责任分担法。

【出处】《房地产经纪职业导论》(第四版) P100

7.【答案】ABCD

【解析】根据各区域客户的消费形态、结构,同类型客户和业主的集中程度,以及房地产的存量、户型、周转率、价格等因素与房地产经纪机构目标市场的吻合程度来选择设置门店的区域。选择目标区域前,房地产经纪机构首先应对所在城市各区域的存量房市场进行调查和分析,调查和分析的内容主要有:① 房源状况;② 客源状况;③ 竞争程度;④ 周边环境。

【出处】《房地产经纪职业导论》(第四版) P92

【章节小测】

一、单选题(每题的备选答案中只有 1 个最符合题意)

1. 房地产经纪门店正门的最佳朝向,从方位角度讲,是朝(　　)。
   A. 东　　　　　　　　　　B. 南
   C. 西　　　　　　　　　　D. 北

2. 房地产经纪门店营业目标的分配方法中,能使经纪人员产生达成分配额责任感的分配方法是(　　)。
   A. 店长自行估价法　　　　B. 共同责任分担法
   C. 历史实绩推估法　　　　D. 经纪人员自行预估法

3. 售楼处最为核心管理制度是(　　)。
   A. 接待时间　　　　　　　B. 工作流程
   C. 保洁要求　　　　　　　D. 关键内容说辞

4. 开设房地产经纪门店,不但要检查门店使用条件的好坏,同时还要了解周边门店的(　　)。
   A. 租金水平　　　　　　　B. 门店数量
   C. 门店大小　　　　　　　D. 人员数量

5. 房地产经纪机构将目标客户进行登记划分的依据是(　　)。

A. 客户成交可能性的大小　　　　　B. 客户收入的高低
C. 客户带看次数多少　　　　　　　D. 客户成交单金额大小

6. 下列选项中，不属于商品房售楼处布置的是（　　）。
A. 户外功能的布置　　　　　　　　B. 减少售楼处的浪费
C. 人流动线设计　　　　　　　　　D. 装修装饰风格

7. 营业目标采用店长自行估计法，缺点是（　　）。
A. 易产生因分配额过大或过小导致公平性和可靠性的欠缺
B. 缺乏达成目标的共识
C. 易流于形式化、表面化
D. 难以反映房地产经纪从业人员的达成动机

8. 做到"出众"但不"出位"体现了房地产经纪门店设计时（　　）。
A. 符合门店形象宣传　　　　　　　B. 注重大众化
C. 注重人性化　　　　　　　　　　D. 注重个性化

二、多项选择题（每题的备选答案中有 2 个或 2 个以上符合题意）

9. 下列选项中，关于店长的岗位职责的描述，正确的是（　　）。
A. 门店日常管理　　　　　　　　　B. 经营门店业务
C. 召开门店会议　　　　　　　　　D. 开单提升业绩
E. 建立业务档案

10. 房地产经纪机构品牌定位的原则有（　　）。
A. 独特　　　　　　　　　　　　　B. 稳定
C. 可信　　　　　　　　　　　　　D. 时尚
E. 量力而行

11. 店长根据门店年度营业计划及月度利润目标设定当月营业收入目标，需要参考（　　）。
A. 上月营业业绩　　　　　　　　　B. 业务洽谈能力
C. 带看数量　　　　　　　　　　　D. 门店位置
E. 人员数量

12. 房地产经纪门店的营业目标包括（　　）。
A. 营业业绩目标　　　　　　　　　B. 带看次数
C. 租售签约单数　　　　　　　　　D. 需求委托签约数量
E. 房源委托签约数量

13. 房地产经纪机构在选择目标区域前，首先应对所在城市各区域的存量房市场进行调查和分析，调查和分析的内容包含（　　）。
A. 房源状况　　　　　　　　　　　B. 交通时间
C. 客源状况　　　　　　　　　　　D. 竞争因素
E. 周边环境

14. 房地产经纪机构选择门店地址时必须要注意（　　）。
A. 满足工商登记，机构备案　　　　B. 注重人性化
C. 保证充足的客源和房源　　　　　D. 保证经营的可持续性

E. 保证顺畅的交通和可达性
15. 门店的形象设计与装潢时，要符合的基本原则是（　　）。
    A. 符合经纪机构的形象宣传　　B. 注重专业化
    C. 注重人性化　　　　　　　　D. 注重个性化
    E. 注重实用性
16. 下列选项中，属于售楼处日常物业管理工作的是（　　）。
    A. 接待服务　　　　　　　　　B. 带看服务
    C. 洽谈服务　　　　　　　　　D. 安保服务
    E. 保洁服务
17. 商品房售楼处的人员管理主要是对（　　）岗位职责管理。
    A. 销售人员　　　　　　　　　B. 物业管理人员
    C. 建筑施工人员　　　　　　　D. 保安员
    E. 保洁员

【章节小测答案】

1.【答案】B
【解析】方位是门店正门的朝向。门店正门的朝向会影响到门店的日照程度、时间和通风情况，从而在一定程度上影响客流量。通常门店正门朝南为佳。
【出处】《房地产经纪职业导论》（第四版）P94～95

2.【答案】D
【解析】由经纪人员自行设定个人目标之方法，实施此方法的优点在于经纪人员会产生达成分配额的责任感，相反地，其缺点在于易产生因分配额过大或过小，导致公平性与可靠性的欠缺。店长自行估计法，实行此办法，店长必须正确地掌握每一个经纪人员的工作能力。但若完全由店长单方面设定业务指标额，经纪人员完全没有参与时，经纪人员将缺乏达成目标的共识。
【出处】《房地产经纪职业导论》（第四版）P100

3.【答案】B
【解析】售楼处管理制度包括工作流程、关键内容说辞、接待时间、保洁要求等。其中工作流程是最为核心的部分，主要包括客户接待的流程、签约流程、收款流程、交房流程等。
【出处】《房地产经纪职业导论》（第四版）P104

4.【答案】A
【解析】门店使用条件的好坏将直接影响门店以后的经营活动，所以一定要仔细查看包括门面大小、墙体、地板、空调系统、消防系统、水、电、通信及安全性能等实际情况是否符合开店需求。同时要了解周边门店租金大致的水平。对门店实际状况进行全面的了解，以利于与出租人协商签约的细节，并详细写入合同中。
【出处】《房地产经纪职业导论》（第四版）P96

5.【答案】A
【解析】根据目标客户成交的可能性的大小，可将目标客户进行登记划分。

【出处】《房地产经纪职业导论》(第四版) P101

6.【答案】B

【解析】售楼处布置包括售楼处户外功能布置、内部功能区域布置、人流动线设计、装修装饰风格及档次设计等内容。布置售楼处应根据售楼处的功能、项目目标客户的类型（收入、年龄、职业等）、经费预算等因素，综合考虑后确定布置方案。

【出处】《房地产经纪职业导论》(第四版) P104

7.【答案】B

【解析】由店长单方面授予经纪人员业务指标额的方法，实行此办法，店长必须正确地掌握每一个经纪人员的工作能力。但若完全由店长单方面设定业务指标额，经纪人员完全没有参与，经纪人员将缺乏达成目标的共识。

【出处】《房地产经纪职业导论》(第四版) P100

8.【答案】D

【解析】注重个性化：设计风格要独具匠心、个性化、便于识别，做到"出众"但不"出位"。这一点对新开业的经纪机构来说尤为重要。门店设计既要显示出房地产经纪行业的特点，又要显示出自身与众不同的个性特点。

【出处】《房地产经纪职业导论》(第四版) P97

9.【答案】ABCE

【解析】店长是门店日常管理的责任主体，其岗位职责通常包括：①门店日常管理工作，规范房地产经纪从业人员行为，确保完成和超额完成本门店的考核指标；②接受公司领导及所在区域的总监、区域经理的指导和帮助；③参与并了解本门店经纪人员的每单业务的洽谈，并促成合同的签订；④关心本门店经纪人员的业务进程，协调解决门店内、外经纪人员之间的业务纠纷；⑤经营门店业务，提高业绩，降低门店成本，对日常操作业务的风险严格把关；⑥落实公司及各部门的各项工作要求；⑦定时召开门店会议；⑧参加公司的各类会议和培训；⑨及时上交各类表单；⑩及时了解并关心经纪人员的思想动态，与公司经常性地沟通；⑪协助解决门店内的投诉、抱怨及其他各类问题；⑫做好每套业务的售前、售中、售后服务的管理工作，特别是客户回访工作；⑬建立业务档案；⑭保管好相关客户的财务和资料，相关费用及时上交；⑮严格执行公司的培训带教制度，严格培训带教所在门店的经纪人员。

【出处】《房地产经纪职业导论》(第四版) P99

10.【答案】ABCE

【解析】"有价值""独特"是品牌定位的两个重要原则。此外，品牌定位还有三个原则——"可信""稳定"和"量力而行"。

【出处】《房地产经纪职业导论》(第四版) P125

11.【答案】AE

【解析】店长根据门店年度营业计划及月度利润目标设定当月营业收入目标。设定目标时的参考因素包括：经纪人员上月业绩；经纪人员的数量；经纪人员操作技能及工作态度；营销及广告力度；未来市场及政策的动向及营业额的预测；季节性变动；新客户开发的可能性；利润目标及成本控制等。

【出处】《房地产经纪职业导论》(第四版) P99~100

12.【答案】ACDE

【解析】房地产经纪门店的营业目标包括：营业业绩目标（团队及个人）；利润目标（成本控制目标）；租售签约单数（团队及个人）；需求／房源委托签约数量（团队及个人）。

【出处】《房地产经纪职业导论》（第四版）P100

13.【答案】ACDE

【解析】房地产经纪机构在选择目标区域前，房地产经纪机构首先应对所在城市各区域的存量房市场进行调查和分析，调查和分析的内容主要为房源状况、客源状况、竞争因素、周边环境。

【出处】《房地产经纪职业导论》（第四版）P92～93

14.【答案】ACDE

【解析】门店选址的原则：①保证充足的客源和房源；②保证良好的展示性；③保证顺畅的交通和可达性；④保证经营的可持续性；⑤满足工商登记和机构备案的要求。

【出处】《房地产经纪职业导论》（第四版）P93～94

15.【答案】ACD

【解析】门店的形象设计与装潢，要符合房地产经纪行业的基本特征，并充分考虑客户的消费心理等因素，必须符合的基本原则是符合经纪机构的形象宣传，注重个性化和注重人性化。

【出处】《房地产经纪职业导论》（第四版）P97

16.【答案】ADE

【解析】房地产经纪机构应秉承既往的管理经验，运用成熟先进的管理理念，配备专业的管理服务人员，为售楼处及样板房提供良好的管理服务。售楼处（包括样板房）日常物业管理工作主要包括如下内容：①接待服务；②工程技术服务；③安保服务；④保洁服务。

【出处】《房地产经纪职业导论》（第四版）P107

17.【答案】ABDE

【解析】商品房售楼处的人员管理包含售楼处销售人员岗位职责、物业管理人员岗位职责、工程技工岗位职责、保安员岗位职责和保洁员岗位职责管理。

【出处】《房地产经纪职业导论》（第四版）P108～109

第五章 房地产经纪机构的企业管理

【章节导引】

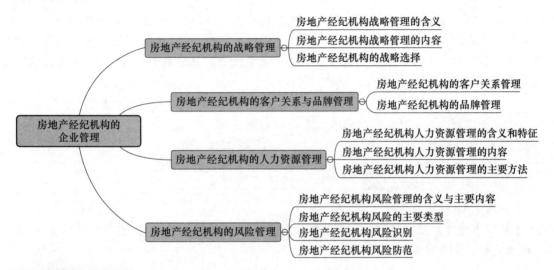

【章节核心知识点】

核心知识点 1：房地产经营战略的选择

房地产经纪机构的经营战略选择：

（1）低成本战略：是一种以较低的总成本提供产品或服务，从而吸引广大顾客的战略。企业凭借其较低的成本，可以在激烈的市场竞争中获得有利的竞争优势。

（2）聚焦战略：是指房地产经纪机构把经营战略的重点集中在一个特定的目标市场上，为特定的地区或特定的客户提供特殊的产品或服务，即指企业集中使用资源，以快速增加某种产品的销售额和市场占有率。这一战略可以避免大而弱的分散投资局面，容易形成企业的核心竞争力。

（3）一体化成长战略：是指房地产经纪机构利用自身的优势，使企业向深度和广度发展的一种战略。一体化成长战略有两种类型：一是纵向一体化。二是水平一体化，是指房地产经纪机构兼并或联合同类同层次机构，通过规模经济加速发展的一种战略。

（4）多样化战略：①横向多样化；②多向多样化；③复合多样化。

房地产经纪机构的扩张战略选择：

（1）跨地域扩张战略：从其公司注册地城市向其他城市扩张的战略。这一扩张战略的优势在于企业能够在不改变业务领域和经营模式的情况下，拓展服务地域，扩大企业的规模。采用这一扩张战略可能碰到的问题是由房地产市场的地域性所导致的"水土不服"。

（2）跨专业扩张战略：一些特大型房地产经纪机构已不再满足于目前提供服务的专业市场，开始向其他专业市场扩张。在这种扩张战略中，房地产经纪机构可以充分利用自身在原有专业市场上形成的优势资源，将其经营范围扩大到其他专业市场。但是，跨专业市场扩张可能会遭遇因经营模式和人员"移植"而带来的"异体排斥"问题。

（3）跨行业扩张战略：房地产经纪行业是房地产中介服务行业中的一个分支行业，它与同属房地产中介服务行业的房地产估价、房地产咨询在专业上具有很强的关联性和互补性。

（4）综合性扩张战略：是指房地产经纪机构选择同时进行跨地域市场、跨专业市场或跨行业的扩张，这通常是个别顶尖房地产经纪机构所选择的扩张模式。这种扩张模式一方面能够在享有每种扩张模式优势的同时还能获得因不同模式叠加而产生的"整体大于部分之和"效应，另一方面也需要同时面对不同扩张模式所带来的困难和问题，是一种难度较大的扩张模式。

1.（多选题）房地产经纪机构的经营战略主要有（　　）。
A. 聚焦战略　　　　　　　　B. 多样化战略
C. 低成本战略　　　　　　　D. 一体成长化战略
E. 跨地域市场扩张战略

【答案】ABCD

【解析】房地产经纪机构的经营战略主要有：① 低成本战略；② 聚焦战略；③ 一体化成长战略；④ 多样化战略。

【出处】《房地产经纪职业导论》（第四版）P115～117

核心知识点 2：房地产经纪机构人力资源管理

房地产经纪机构人力资源管理具有以下四个特征：

第一，合法性。房地产经纪机构的人力资源管理应符合房地产经纪行业管理中有关房地产经纪专业人员职业资格登记管理的规定。

第二，人本性。房地产经纪机构的人力资源管理必须以人为本，始终贯彻员工是企业的宝贵财富的主题，强调员工的关心、爱护，把员工真正作为资源加以保护、利用和开发。

第三，互惠性。房地产经纪机构的人力资源管理必须采取互惠取向，强调管理应致力于获取组织的绩效和员工的成就感与成长的双重目标；强调组织和员工之间的"共同利益"，并重视发掘员工的主动性和责任感。

第四，战略性。房地产经纪机构的人力资源管理应聚焦于为组织创造财富、创造竞争优势的人员的管理。

房地产经纪机构人力资源管理的内容：
① 岗位分析与设计；② 人力资源规划；③ 员工招聘与选拔；④ 绩效考评；⑤ 薪酬管理；⑥ 员工激励；⑦ 培训与开发；⑧ 职业生涯规划；⑨ 人力资源会计；⑩ 劳动关系管理。

1.（单选题）下列选项中，不属于房地产经纪机构人力资源管理内容的是（   ）。
　　A. 岗位分析　　　　　　　　B. 员工招聘
　　C. 绩效考评　　　　　　　　D. 目标激励
【答案】D
【解析】房地产经纪机构人力资源管理内容包括：① 岗位分析与设计；② 人力资源规划；③ 员工招聘与选拔；④ 绩效考评；⑤ 薪酬管理；⑥ 员工激励；⑦ 培训与开发；⑧ 职业生涯规划；⑨ 人力资源会计；⑩ 劳动关系管理。
【出处】《房地产经纪职业导论》（第四版）P127～129

核心知识点3：薪酬支付方式

（1）固定薪金制。即无论业绩如何，员工都能获得固定的薪金收入。这一薪金制度对业务员生活最有保障，企业人员流动性较低，与顾客的关系容易保持常态。但其最大的缺点是缺乏激励效应。

（2）混合制。即工资加佣金提成等。如某房地产经纪机构设计的"薪酬=底薪+提成+奖金+补贴+分行分红+其他福利"就属于混合制，混合制既给予员工一定的保障底薪，又能激励员工通过提升业绩来增加收入，因而是我国目前大部分房地产经纪机构所采用的一种薪酬模式。

1.（单选题）我国房地产经纪机构的薪酬支付方式中，缺乏激励效应的薪酬支付方式是（   ）。
　　A. 固定薪金制　　　　　　　B. 计时薪金制
　　C. 佣金制　　　　　　　　　D. 混合制
【答案】A
【解析】固定薪金制：即无论业绩如何，员工都能获得固定的薪金收入。这一薪金制度对业务员生活最有保障，企业人员流动性较低，与顾客的关系容易保持常态。但其最大的缺点是缺乏激励效应。
【出处】《房地产经纪职业导论》（第四版）P129

核心知识点4：建立有效的激励机制

（1）目标激励：通过设置适当的工作目标，把员工的需要与工作目标紧密联系在一起，从而调动员工的积极性。

（2）情感激励：积极的情感可以焕发出惊人的力量，消极的情感会严重妨碍工作。企业的领导者如能和员工建立起真挚的感情，用自己积极的情感去感染员工，打动员工的心，就能起到激励作用。

（3）尊重激励：尊重是加速员工自信力爆发的催化剂，尊重激励是一种基本的激励方式。上下级之间的相互尊重是一种强大的精神力量，它有助于企业员工之间的和谐，有助于企业团队精神和凝聚力的形成。

（4）参与激励：让员工恰当地参与管理，既能激励员工，又能为企业的成功获得有价值的意见。通过参与管理，形成员工对企业的归属感、认同感，可以进一步满足员工自尊和自我实现的需要。

1.（单选题）企业实行的激励机制中，可以进一步满足员工自尊和自我实现需要，可以使员工对企业有归属感、认同感的激励方式是（　　）。
　　A. 目标激励　　　　　　　　B. 参与激励
　　C. 尊重激励　　　　　　　　D. 情感激励
【答案】B
【解析】让员工恰当地参与管理，既能激励员工，又能为企业的成功获得有价值的意见。通过参与管理，形成员工对企业的归属感、认同感，可以进一步满足员工自尊和自我实现的需要。
【出处】《房地产经纪职业导论》（第四版）P130~131

核心知识点 5：房地产经纪机构风险管理

房地产经纪机构的风险管理基于对待风险的合理态度。对待风险要坚持两个原则：一是不能过于保守，要合理承担风险；二是不能盲目乐观，要正确衡量风险的发生概率及其后果，使风险与收益对等。

房地产经纪机构风险管理的主要内容包括风险识别、风险衡量和风险处理三个方面。

1. 行政处罚风险

（1）未按政府部门要求公示相关信息引起的风险：房地产经纪机构及其分支机构应当在其经营场所醒目位置公示下列内容：营业执照和备案证明文件；服务项目、内容、标准；业务流程；收费项目、依据、标准；交易资金监管方式；信用档案查询方式、投诉电话及 12358 价格举报电话；政府主管部门或者行业组织制定的房地产经纪服务合同、房屋买卖合同、房屋租赁合同示范文本；法律、法规、规章规定的其他事项等。

（2）不与交易当事人签订书面房地产经纪服务合同引起的风险。

（3）违规收取服务费引发的风险。

（4）经纪服务合同未由经纪专业人员签字引起的风险。

（5）未尽告知义务引起的风险。

（6）违规对外发布房源信息引起的风险。

（7）违规划转客户交易结算资金引起的风险。

（8）未按规定如实记录业务情况或保存房地产经纪服务合同引起的风险。

（9）不正当行为引起的风险。

2. 民事赔偿风险

（1）未尽严格审查义务引起的风险。

（2）协助交易当事人提供虚假信息或材料引起的风险：
①虚报成交价；②伪造签名。

（3）承诺不当引起的风险：

① 房源保管风险;② 房地产经纪服务合同签订中的风险。
(4) 产权纠纷引起的风险:
① 产权瑕疵风险;② 产权转移风险。
(5) 经纪业务对外合作的风险:
① 代办房地产抵押贷款风险;② 同行合作风险。
(6) 道德风险:
① 房地产经纪从业人员道德风险:

房地产经纪从业人员的道德风险主要表现为:为了自己的个人利益,将房源或客户资料外泄;利用经纪机构的房源与客户资源,私底下促成双方交易,为自己赚取服务佣金;私自抬高房源的售价,赚取其中的"差价";收到较大金额的服务佣金或订金后,携款潜逃等。

② 客户道德风险:

"跳单"风险;利用伪造证件诈骗;故意隐瞒房屋存在的瑕疵;对经纪从业人员人身安全的威胁。

1. (多选题) 下列行为中,属于行政处罚风险的有(　　)。
   A. 没有在醒目位置公示营业执照、备案证明等信息
   B. 未告知房屋交易的一般程序和可能存在的风险
   C. 未经过委托人书面同意擅自对外发布房源信息
   D. 虚报成交价
   E. 捏造散布涨价信息

【答案】ABCE

【解析】行政处罚风险包括:① 未按政府部门要求公示相关信息引起的风险;② 不与交易当事人签订书面房地产经纪服务合同引起的风险;③ 违规收取服务费引发的风险;④ 经纪服务合同未由经纪人签字引起的风险;⑤ 未尽告知义务引起的风险;⑥ 擅自对外发布房源信息引起的风险;⑦ 擅自划转客户交易结算资金引起的风险;⑧ 未按照规定如实记录业务情况或保存房地产经纪服务合同引起的风险;⑨ 不当行为引起的风险。虚报成交价属于民事赔偿风险。

【出处】《房地产经纪职业导论》(第四版) P133~136

2. (多选题) 下列信息中,需要房地产经纪机构及分支机构在经营场所醒目位置公示的是(　　)。
   A. 收费依据　　　　　　　　B. 服务项目
   C. 营业执照　　　　　　　　D. 备案证明
   E. 法人身份证复印件

【答案】ABCD

【解析】房地产经纪机构及其分支机构应当在其经营场所醒目位置公示下列内容:营业执照和备案证明文件;服务项目、内容、标准;业务流程;收费项目、依据、标准;交易资金监管方式;信用档案查询方式、投诉电话及12358价格举报电话;政府主管部门或者行业组织制定的房地产经纪服务合同、房屋买卖合同、房屋租赁合同示范文本;法律、

法规、规章规定的其他事项等。

【出处】《房地产经纪职业导论》(第四版) P133

核心知识点 6：房地产经纪机构的风险识别与风险防范

小核心知识点 6-1：房地产经纪机构风险识别

（1）建立风险识别系统：经纪机构在建立风险识别系统时，要遵循两个基本原则：一是尽量以不影响日常的工作效率为前提，二是要全面考察：全面考察原则，即针对每一个工作环节进行考察，识别其风险，这是保证风险识别的有效性的重要方式。

根据经纪机构的经营特点，应切实把握风险识别的两个切入点：投诉处理和坏账处理。

（2）提高风险识别能力。

小核心知识点 6-2：房地产经纪机构风险防范

（1）对外承诺标准化：主要从以下三个方面入手：① 制定标准的对外承诺文本；② 展示标准化文本；③ 规范档案与印章管理。

（2）权限的控制与分配：在开展经纪业务的过程中，涉及各类事务的处理，要最大限度地保证这些事务进行正确的处理，就必须根据每一项事务的涉及面、重要程度等特点进行分类，然后将各类事务分配予相关的工作人员负责处理。

（3）门店责任人培训。

（4）建立监察稽核体系。

（5）风险转移。

1.（单选题）房地产经纪机构在建立风险识别系统时，保证风险识别的有效性的重要方式是（　　）。

  A. 提高风险识别能力　　　　B. 投诉处理
  C. 坏账处理　　　　　　　　D. 全面考察

【答案】D

【解析】房地产经纪机构在建立风险识别系统时，要遵循的基本原则：一是尽量以不影响日常的工作效率为前提，二是要全面考察。全面考察原则，是针对每一个工作环节进行考察，识别其风险，这是保证风险识别的有效性的重要方式。

【出处】《房地产经纪职业导论》(第四版) P143～144

2.（多选题）房地产经纪机构为防范风险采取的措施主要有（　　）。

  A. 对外承诺标准化　　　　　B. 提高风险识别能力
  C. 提高品牌知名度　　　　　D. 开展门店责任人培训
  E. 进行权限控制与分配

【答案】ADE

【解析】房地产经纪机构风险防范的措施是：① 对外承诺标准化；② 权限的控制与分配；③ 门店责任人培训；④ 建立监察稽核体系；⑤ 风险转移。

【出处】《房地产经纪职业导论》(第四版) P145～147

【真题实测】

一、单选题（每题的备选答案中只有 1 个最符合题意）

1. 房地产经纪机构把目标客户定位于进入美国市场的中国大型企业，经营战略重点是为这些企业提供美国本土厂房和办公楼的承租代理业务，这种经营战略是（　　）。
   A. 低成本战略　　　　　　　　B. 一体化成长战略
   C. 多样化战略　　　　　　　　D. 聚焦战略

2. 对企业人员流动性较低的薪酬支付方式是（　　）。
   A. 固定薪金制　　　　　　　　B. 佣金制
   C. 保底工资加提成制　　　　　D. 固定工资加奖金制

3. 因房地产经纪人未能发现受托房屋的权属瑕疵所引起的风险属于（　　）。
   A. 操作不规范风险　　　　　　B. 产权纠纷风险
   C. 房地产经纪人员道德风险　　D. 客户道德风险

4. 建立房地产经纪机构品牌的首要工作是（　　）。
   A. 建立企业的品牌识别系统　　B. 培养客户的品牌忠诚度
   C. 制定企业的品牌战略　　　　D. 进行企业品牌传播

5. 兼顾房地产经纪人基本生活保障和激励作用的薪酬支付方式是（　　）。
   A. 固定薪金制　　　　　　　　B. 混合制
   C. 佣金制　　　　　　　　　　D. 收益分成制

6. 对房地产经纪事务进行分类，将其分配给相关工作人员处理，这种风险防范的措施属于（　　）。
   A. 加强岗前培训　　　　　　　B. 实施权限的控制与分配
   C. 建立监督稽查体系　　　　　D. 制定标准的对外承诺文本

7. 下列经纪活动中，不会导致房地产经纪机构受到机构行政处罚的是（　　）。
   A. 房地产经纪机构承接业务时未登记、备案
   B. 房地产经纪人以个人名义承接房地产经纪业务
   C. 房地产经纪服务合同没有承办业务房地产经纪人的签名
   D. 业务委托人的过错导致违约

二、多选题（每题的备选答案中有 2 个或 2 个以上符合题意）

8. 房地产经纪机构的业务领域选择包括（　　）选择。
   A. 区域选择　　　　　　　　　B. 组织架构
   C. 市场范围　　　　　　　　　D. 业务类型
   E. 目标客户

9. 房地产经纪机构选择经营模式时主要考虑的因素有（　　）。
   A. 当代社会经济状况　　　　　B. 当地自然地理环境
   C. 自身企业地位　　　　　　　D. 自身业务渠道
   E. 自身企业规模

【真题实测答案解析】

1.【答案】D

【解析】聚焦战略是指房地产经纪机构把经营战略的重点集中在一个特定的目标市场上，为特定的地区或特定的客户提供特殊的产品或服务，即指企业集中使用资源，以快速增加某种产品的销售额和市场占有率。例如房地产经纪机构把目标客户定位在进入中国的大型知名跨国企业，经营战略的重点放在为这些跨国企业提供租房代理服务等方面。

【出处】《房地产经纪职业导论》（第四版）P116

2.【答案】A

【解析】固定薪金制，即无论业绩如何，员工都能获得固定的薪金收入，这一薪金支付对业务员生活最有保障，企业人员流动性较低，与顾客的关系容易保持常态。但是最大的缺点是缺乏激励效应。

【出处】《房地产经纪职业导论》（第四版）P129

3.【答案】B

【解析】因房地产经纪从业人员未能发现受托房屋的权属瑕疵所引起的风险属于产权纠纷风险，每个经纪人都必须意识到产权确认在存量房交易中的重要性。由于在交易签约前未做产权确认而引发的纠纷，不仅浪费了经纪方、买卖双方大量的时间和精力，甚至给客户造成了经济损失，同时也不利于存量房市场的健康发展。

【出处】《房地产经纪职业导论》（第四版）P139

4.【答案】C

【解析】建立品牌的首要工作是制定企业的品牌战略。品牌战略是指企业对自己品牌的期望目标以及为达到这一目标的主要途径所作的筹划。

【出处】《房地产经纪职业导论》（第四版）P124

5.【答案】B

【解析】① 固定薪金制。即无论业绩如何，员工都能获得固定的薪金收入。这一薪金制度对业务员生活最有保障，企业人员流动性较低，与顾客的关系容易保持常态。缺点是缺乏激励效应。② 混合制。即工资加佣金提成等。混合制既给予员工一定的保障底薪，又能激励员工通过提升业绩来增加收入，因而是我国目前大部分房地产经纪机构所采用的一种薪酬模式。

【出处】《房地产经纪职业导论》（第四版）P129

6.【答案】B

【解析】房地产经纪机构风险防范：① 对外承诺标准化（制定标准的对外承诺文本、展示标准化文本、规范档案与印章管理）；② 权限的控制与分配；③ 门店责任人培训；④ 建立监察稽核体系；⑤ 风险转移。权限的控制与分配：在开展经纪业务的过程中，涉及各类事务的处理，要最大限度地保证这些事务进行正确的处理，就必须根据每一项事务的涉及面、重要程度等特点进行分类，然后将各类事务分配予相关的工作人员负责处理。

【出处】《房地产经纪职业导论》（第四版）P145～146

7.【答案】D

【解析】行政处罚风险包括：① 未按政府部门要求公示相关信息引起的风险；② 不

与交易当事人签订书面房地产经纪服务合同引起的风险；③ 违规收取服务费引起的风险；④ 经纪服务合同未由经纪人签字引起的风险；⑤ 未尽告知义务引起的风险；⑥ 违规对外发布房源信息引起的风险；⑦ 违规划转客户交易结算资金引起的风险；⑧ 未按规定如实记录业务情况或保存房地产经纪服务合同引起的风险；⑨ 不正当行为引起的风险。

【出处】《房地产经纪职业导论》（第四版）P133～136

8.【答案】ACDE

【解析】房地产经纪机构的业务领域选择包括区域选择、业务类型选择、市场范围选择、目标客户选择等。

【出处】《房地产经纪职业导论》（第四版）P113

9.【答案】DE

【解析】房地产经纪机构经营模式的选择包括企业业务渠道、企业规模以及规模化经营方式的选择。

【出处】《房地产经纪职业导论》（第四版）P113

【章节小测】

一、单选题（每题的备选答案中只有1个最符合题意）

1. 房地产经纪机构风险防范中，实行对外承诺标准化的关键是（　　）。
   A. 制定标准的对外承诺文本　　　B. 展示标准化文本
   C. 规范店面经纪人管理　　　　　D. 进行风险转移

2. 聚焦于为组织创造财富、创造竞争优势的人员的管理体现了房地产经纪机构人力资源管理的（　　）。
   A. 合法性　　　　　　　　　　　B. 战略性
   C. 互惠性　　　　　　　　　　　D. 人本性

3. 房地产经纪机构为了调动员工的积极性，通过设置适当的工作目标，把员工的需要与工作目标紧密联系在一起，这种激励机制属于（　　）。
   A. 目标激励　　　　　　　　　　B. 参与激励
   C. 情感激励　　　　　　　　　　D. 尊重激励

二、多选题（每题的备选答案中有2个或2个以上符合题意）

4. 房地产经纪机构在制定近期目标时，需要考虑的因素有（　　）。
   A. 财务指标　　　　　　　　　　B. 市场地位
   C. 业务领先程度　　　　　　　　D. 人员数量
   E. 区域知名度

5. 房地产经纪机构的战略选择中，多向多样化战略类型的有（　　）。
   A. 专业多样化　　　　　　　　　B. 资源多样化
   C. 开发多样化　　　　　　　　　D. 技术关系多样化
   E. 市场营销关系多样化

6. 房地产经纪机构进行客户关系管理有（　　）作用。
   A. 为服务研发提供决策支持　　　B. 为适时调整内部管理提供依据
   C. 为选择客户策略提供决策支持　D. 提高经纪机构相关业务的效果

E. 提高客户的感知价值

7. 某些房地产经纪人为了个人的利益，做出一些损害经纪机构的利益与形象的举动，主要表现为（　　）。
   A. 将房源或客户资料外泄　　　　B. 私自抬高房源的售价
   C. 故意隐瞒房屋存在的瑕疵　　　D. 私下促成双方交易
   E. 收到佣金或定金后，携款潜逃

8. 某房地产经纪机构在添补岗位空缺时进行内部选拔，其优点是（　　）。
   A. 提高员工的士气　　　　　　　B. 提高员工的工作绩效
   C. 有利于奋发向上的工作氛围　　D. 企业充满新鲜的活力
   E. 可以形成良好的企业文化

9. 房地产经纪机构由于操作不规范，导致民事赔偿风险的有（　　）。
   A. 未按照要求公示信息　　　　　B. 未就房屋权属尽严格审查义务
   C. 承诺业主能卖高价　　　　　　D. 提供虚假材料
   E. 承诺客户可以做低合同价

10. 根据房地产经纪机构的经营特点，进行风险识别的切入点是（　　）。
    A. 投诉处理　　　　　　　　　　B. 风险防范
    C. 档案管理　　　　　　　　　　D. 坏账处理
    E. 全面考察

【章节小测答案】

1.【答案】A
【解析】房地产经纪机构风险防范中，实行对外承诺标准化，主要从以下三个方面入手：① 制定标准的对外承诺文本；② 展示标准化文本；③规范档案与印章管理。制定标准的对外承诺文本是实行对外承诺标准化的关键。经纪人在开展经纪业务时，使用标准的承诺文本，能最大限度地防范对外承诺中存在的风险。
【出处】《房地产经纪职业导论》（第四版）P145

2.【答案】B
【解析】房地产经纪机构人力资源管理的战略性：房地产经纪机构的人力资源管理应聚焦于为组织创造财富、创造竞争优势的人员的管理。
【出处】《房地产经纪职业导论》（第四版）P127

3.【答案】A
【解析】目标激励可以通过设置适当的工作目标，把员工的需要和工作目标紧密联系在一起，从而调动员工的积极性。心理学家认为，个体对目标看得越重要，预期实现的可能性越大，目标所起的激励作用就越大。
【出处】《房地产经纪职业导论》（第四版）P130

4.【答案】ADE
【解析】远期目标包括市场地位、业务领先程度、市场占有目标以及市场拓展计划等，近期目标则包括企业的财务指标、门店数量、业务数量、人员数量、区域知名度等。
【出处】《房地产经纪职业导论》（第四版）P112

5.【答案】BDE

【解析】多向多样化是指虽然与现有的产品、市场领域有关，但是通过开发完全异质的服务和市场来实现经营领域多样化。这种多向多样化包括多种类型：一是技术关系多样化；二是市场营销关系多样化；三是资源多样化。

【出处】《房地产经纪职业导论》（第四版）P117

6.【答案】ABCD

【解析】房地产经纪机构客户关系管理的作用：① 客户关系管理是房地产电子商务的重要手段；② 客户关系管理为服务研发提供决策支持；③ 客户关系管理为适时调整内部管理提供依据；④ 客户关系管理为选择客户策略提供决策支持；⑤ 客户关系管理能够提高经纪机构相关业务的效果。

【出处】《房地产经纪职业导论》（第四版）P121～122

7.【答案】ABDE

【解析】房地产经纪从业人员的道德风险主要表现为：为了自己的个人利益，将房源或客户资料外泄；利用经纪机构的房源与客户资源，私底下促成双方交易，为自己赚取服务佣金；私自抬高房源的售价，赚取其中的"差价"；收到较大金额的服务佣金或订金后，携款潜逃等。

【出处】《房地产经纪职业导论》（第四版）P142

8.【答案】ABCE

【解析】内部选拔是添补空缺的一个重要途径，是对员工的一种有效激励。内部选拔的优点是有利于提高员工的士气和工作绩效，有利于形成奋发向上的工作氛围，形成良好的企业文化；缺点是吸收不到企业外的优秀人才，容易造成自我封闭，使企业缺乏新鲜的活力。

【出处】《房地产经纪职业导论》（第四版）P128

9.【答案】BCDE

【解析】民事赔偿风险有：① 未尽严格审查义务引起的风险；② 协助当事人提供虚假信息或材料引起的风险；③ 承诺不当引起的风险；④ 产权纠纷引起的风险；⑤ 经纪业务对外合作风险；⑥ 道德风险。

【出处】《房地产经纪职业导论》（第四版）P136～143

10.【答案】AD

【解析】根据经纪机构的经营特点，应切实把握风险识别的两个切入点：投诉处理和坏账处理。

【出处】《房地产经纪职业导论》（第四版）P144

第六章 房地产经纪机构的业务管理

【章节导引】

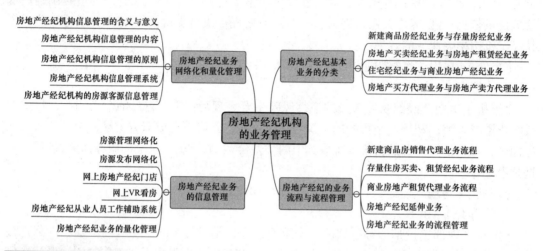

【章节核心知识点】

核心知识点1：房地产经纪业务的基本分类

根据房地产经纪服务的标的房地产所处市场类型的不同，分为土地经纪业务、新建商品房经纪业务和存量房经纪业务。

根据房地产经纪活动所促成的房地产交易类型，理论上可以将房地产经纪业务分为房地产转让经纪业务、房地产租赁经纪业务和房地产抵押经纪业务。

根据房地产的用途类型（如住宅、商业、办公、工业、仓储等），可以将房地产经纪业务分为住宅经纪业务和商业房地产经纪业务。

根据房地产经纪服务对象的不同，可以将采用代理方式的房地产经纪业务分为卖方代理业务和买方代理业务。

1．（单选题）将房地产经纪业务分为新建商品房经纪业务与存量房经纪业务、土地经纪业务的分类标准是（　　）。
　　A．房地产所处市场类型　　　　B．房地产交易类型
　　C．根据房地产用途　　　　　　D．根据服务对象
【答案】A
【解析】根据房地产经纪服务的标的房地产所处市场类型的不同，理论上可以将房地产经纪业务分为土地经纪业务、新建商品房经纪业务和存量房经纪业务。

【出处】《房地产经纪职业导论》(第四版) P148

核心知识点 2：新建商品房销售代理业务流程

（1）项目信息开发与整合；
（2）项目研究与拓展；
（3）项目签约；
（4）项目执行企划；
（5）销售准备；
（6）销售执行；
（7）项目结算。

1. （单选题）在新建商品房销售代理业务流程中，制定佣金分配方案属于（　　）阶段的工作。
   A. 项目签约　　　　　　　B. 项目结算
   C. 项目执行企划　　　　　D. 销售执行

【答案】C

【解析】新建商品房销售代理业务流程：项目信息开发与整合（获取项目信息）；项目研究与拓展（进行定位，撰写营销策划报告）；项目签约（与开发商签约）；项目执行企划（项目执行部门根据已签署的代理合同，对营销策划报告进行修改，并初步制定项目的执行指标和佣金分配方案）；销售准备（对销售资料、销售人员、销售现场的准备）；销售执行（具体销售）；项目结算（结算佣金）。

【出处】《房地产经纪职业导论》(第四版) P153～154

核心知识点 3：存量住房买卖、租赁经纪业务流程

（1）客户开拓；
（2）客户接待与业务洽谈（①平等化意识；②珍惜常客；③充分体察客户的期望）；
（3）房屋查验（①现场查验；②产权调查）；
（4）签订房地产经纪服务合同；
（5）信息收集与传播；
（6）引领买方（承租方）看房；
（7）协助交易达成（①协调交易价格；②促进交易；③协助或代理客户签订交易合同）；
（8）合同备案与产权登记；
（9）房屋交接；
（10）佣金结算；
（11）后续服务（①扩展服务；②改进服务；③跟踪服务）。

1. (单选题)存量住房买卖业务流程的第一步是（　　）。
   A. 客户接待与业务洽谈　　　　B. 信息收集与传播
   C. 房屋查验　　　　　　　　　D. 客户开拓

【答案】D

【解析】存量住房买卖、租赁经纪业务流程的第一步是客户开拓，这一步主要是争取客户，一般房地产经纪机构都会通过品牌宣传和公共关系活动来宣传自己，进而吸引客户。

【出处】《房地产经纪职业导论》（第四版）P155

核心知识点 4：房地产经纪信息的加工整理

房地产经纪信息加工整理的程序通常包括鉴别、筛选、整序、编辑和研究这五个环节。

（1）鉴别：

就是对房地产经纪信息的准确性、真实性、可信性进行分析，判断误差的大小和时效的长短，剔除人为、主观的部分，使之准确、客观。鉴别是房地产经纪信息加工整理的第一步。

（2）筛选：

筛选就是对已鉴别的房地产经纪信息进行挑选。

（3）整序：

整序就是将不同的、杂乱无序的房地产经纪信息按一定标准、方法加以整理归类。

（4）编辑：

编辑就是对整序后的信息进行具体的文字整理过程，是整个加工整理过程中最关键的工作。

（5）研究：

研究是一种较高层次的信息加工整理步骤。它是在对大量信息综合分析的基础上，经过分析、判断、思考，产生具有深度和新价值的信息。

信息经过加工整理之后，通常以表格、图片、文字报告及 VR 视频等形式展现出来。其中表格是最常见的一种形式。

1. （单选题）判断房地产经纪信息误差的大小和时效的长短，剔除人为、主观的部分，使房地产经纪信息准确、客观，这是房地产经纪信息加工整理的（　　）程序。
   A. 筛选　　　　　　　　　　　B. 整序
   C. 鉴别　　　　　　　　　　　D. 编辑

【答案】C

【解析】鉴别就是对房地产经纪信息的准确性、真实性、可信性进行分析，判断误差的大小和时效的长短，剔除人为、主观的部分，使之准确、客观。鉴别是房地产经纪信息加工整理的第一步，是一项非常重要的基础性工作，也是后续加工整理环节有效开展的重要保障。

【出处】《房地产经纪职业导论》(第四版) P170

2.（单选题）在房地产经纪信息的加工整理工作中，经过分析、判断、思考，产生具有深度和新价值的信息，属于（　　）。

A. 研究　　　　　　　　　　B. 整序
C. 筛选　　　　　　　　　　D. 编辑

【答案】A

【解析】研究是在对大量信息综合分析的基础上，经过分析、判断、思考，产生具有深度和新价值的信息。

【出处】《房地产经纪职业导论》(第四版) P171

核心知识点 5：房地产经纪延伸业务

（1）房地产交易相关手续代办服务：
① 不动产登记信息查询：不动产登记信息包括不动产原始登记凭证和不动产权属登记机关对房屋权利的记载信息。
② 不动产登记申请：不动产登记是保障房地产权利人合法权益的基本手段。
③ 房地产抵押贷款申请：以房地产抵押作为取得金融机构贷款的担保，是房地产交易活动中通行的做法。

（2）房地产咨询服务：
① 房地产投资咨询：由于房地产商品的特殊性，房地产投资具有投资成本高、风险大、回收期长、所需专业知识广的特点，使不少非专业投资者尤其是个人投资者不能轻易介入房地产投资。房地产经纪机构从事的房地产投资咨询业务主要有房地产开发投资咨询和房地产置业投资咨询。
② 房地产价格咨询：房地产交易中最敏感、最关键的因素就是价格。
③ 法律咨询：目前房地产经纪机构所提供的房地产法务咨询就是有关房地产购买资格、住房贷款政策、房地产交易程序与税费等的咨询。

（3）房地产交易保障服务：
① 房屋质量保证；
② 房地产交易履约保证。

1.（单选题）房地产经纪机构为客户办理房地产抵押贷款手续所提供的服务，属于（　　）。

A. 房地产咨询服务　　　　　B. 房地产经纪基本服务
C. 房地产交易保障服务　　　D. 房地产交易相关手续代办服务

【答案】D

【解析】房地产交易相关手续代办服务主要有：① 不动产登记信息查询；② 不动产登记申请；③ 房地产抵押贷款申请。

【出处】《房地产经纪职业导论》(第四版) P162～163

【真题实测】

一、单选题（每题的备选答案中只有1个最符合题意）

1. 根据房地产的用途类型，可以将房地产经纪业务分为（　　）。
    A. 房地产买方代理业务和房地产卖方代理业务
    B. 住宅房地产经纪业务和商业房地产经纪业务
    C. 土地经纪业务、新建商品房经纪业务和存量房经纪业务
    D. 房地产转让经纪业务、房地产租赁经纪业务和房地产抵押经纪业务

2. 存量房买卖经纪服务完成的标志是（　　）。
    A. 买卖双方签订房地产交易合同　　B. 买方拿到房屋所有权证
    C. 卖方拿到全部房款　　　　　　　D. 房屋交接完成

3. 下列服务中，不属于房地产咨询服务内容的是（　　）。
    A. 房地产投资咨询　　　　　　　　B. 房地产法律咨询
    C. 房地产价格咨询　　　　　　　　D. 房地产融资咨询

4. 相对新建商品房经纪业务，存量房经纪业务的特点是（　　）。
    A. 标的房地产以单宗房地产为主　　B. 佣金结算相对较为复杂
    C. 房源可以批量化取得　　　　　　D. 委托人相对强势

5. 在存量房买卖经纪业务中，房屋查验包括产权调查和（　　）。
    A. 施工许可查验　　　　　　　　　B. 建筑质量查验
    C. 销售许可查验　　　　　　　　　D. 现场查验

6. 关于房地产经纪业务特点的说法，错误的是（　　）。
    A. 存量房经纪业务的标的通常是单宗房地产
    B. 新建商品房经纪业务的标的通常是批量房地产
    C. 新建商品房经纪业务的佣金结算程序简单、速度快
    D. 存量房经纪业务在未来具有较大增长空间

7. 下列房地产经纪人查验房屋的做法中，错误的是（　　）。
    A. 查询受托出售房屋的权属登记信息
    B. 要求房主出示房屋权属证书和身份证明
    C. 要求房主提供房屋原使用人的身份信息
    D. 观察受托出售房屋周边的生活设施状况

8. 房地产租赁相对于房地产买卖，具有的特征是（　　）。
    A. 当事人重复交易频率更高　　　　B. 专业要求更高
    C. 交易金额更大　　　　　　　　　D. 产权转移安全保障要求更高

9. 购房人通常选择由房地产经纪机构代办不动产权属转移登记的原因是（　　）。
    A. 节约经纪服务费　　　　　　　　B. 节约办理时间与精力
    C. 避免拿不到不动产权证书的风险　D. 避免不动产权证书打印错误的风险

10. 房地产经纪机构的诸多信息表格中，（　　）是一种非常重要的表格。
    A. 电话记录登记表　　　　　　　　B. 经纪人登记表
    C. 客户登记表　　　　　　　　　　D. 店务登记表

二、**多选题**（每题的备选答案中有 2 个或 2 个以上符合题意）

11. 根据房地产交易方式不同，房地产经纪业务有（　　）。
    A. 房地产买卖经纪业务　　　　　B. 土地经纪业务
    C. 房地产租赁经纪业务　　　　　D. 房地产抵押经纪业务
    E. 房地产金融经纪业务

12. 在商业房地产租赁代理业务流程中，房屋租赁合同签订之后的环节有（　　）。
    A. 佣金结算　　　　　　　　　　B. 签订房地产经纪服务合同
    C. 信息传播　　　　　　　　　　D. 联络搬迁公司
    E. 办理租赁合同备案

13. 房地产经纪人应树立的"客户意识"有（　　）。
    A. 平等互利　　　　　　　　　　B. 佣金至上
    C. 珍惜常客　　　　　　　　　　D. 关照业主
    E. 体察客户期望

14. 关于房地产经纪信息加工整理的说法，正确的有（　　）。
    A. 鉴别是为了保证信息的准确性、真实性、可信性
    B. 筛选是对信息的逻辑性进行分析
    C. 研究是对信息的较高层次分析
    D. 编辑是对信息数据进行分析
    E. 整序是将杂乱无序的信息按一定标准整理归类

15. 存量房买卖经纪业务和租赁经纪业务流程相同的环节有（　　）。
    A. 房屋查验　　　　　　　　　　B. 签订房地产经纪服务合同
    C. 办理不动产权属转移登记　　　D. 信息收集与传播
    E. 客户接待与业务洽谈

16. 房地产经纪人提供的贷款方案构成要素有（　　）。
    A. 贷款类型　　　　　　　　　　B. 贷款成数
    C. 偿还比率　　　　　　　　　　D. 偿还方式
    E. 贷款批准承诺

17. 下列房地产经纪人员收集信息的途径中，正确的有（　　）。
    A. 报纸、广播、电视等媒体
    B. 房地产企业、银行、政府部门等单位
    C. 门店接待、电话询问
    D. 微信朋友圈、QQ 群等网络社交工具
    E. 通过网络购买业主联系方式

【**真题实测答案解析**】

1. 【答案】B
【解析】根据房地产的用途类型，可以将房地产经纪业务分为住宅房地产经纪业务和商业房地产经纪业务。
【出处】《房地产经纪职业导论》（第四版）P152

2. 【答案】A
【解析】签订交易合同是成交的标志。房地产经纪专业人员应协助或代理委托方与交

易对象签订房地产交易合同。

【出处】《房地产经纪职业导论》（第四版）P158

3.【答案】D

【解析】房地产咨询服务内容主要有：①房地产投资咨询；②房地产价格咨询；③法律咨询。

【出处】《房地产经纪职业导论》（第四版）P163~165

4.【答案】A

【解析】新建商品房经纪业务的特点是委托方相对强势、房源批量化、业务运作成本高，而存量房经纪业务的基本共性是标的房地产以单宗房地产为主。

【出处】《房地产经纪职业导论》（第四版）P148~149

5.【答案】D

【解析】房屋查验包括现场查验和产权调查。现场查验：亲临现场，实地查勘房屋状况，观察房屋的具体位置、朝向、建筑结构、设备、内部装修情况、房屋成新、出入口及通道情况，以及相邻房屋的物业类型等状况；产权调查：查询房屋的权利人、产权来源、抵押和贷款情况、土地使用情况、是否有法院查封等信息。

【出处】《房地产经纪职业导论》（第四版）P156~157

6.【答案】C

【解析】新建商品房经纪业务的特点是委托方相对强势，房源批量化，业务运作成本较高。在新建商品房业务中，房地产经纪机构与房地产开发企业之间的佣金结算相对复杂。存量房经纪业务的标的以单宗房地产为主。由于存量房交易不受土地资源有限性的限制，因此，存量房经纪业务的增长空间更大，将成为房地产经纪的主要业务。

【出处】《房地产经纪职业导论》（第四版）P148~149

7.【答案】C

【解析】房屋查验包括：①现场查验（实地查勘房屋状况，观察房屋的具体位置、朝向、建筑结构、设备、内部装修情况、房屋成新、出入口及通道情况，以及相邻房屋的物业类型、周边的交通、绿地、生活设施、自然景观、污染情况等环境情况）；②产权调查（首先要求出售方提供合法的证件包括身份证和不动产权证等，其次到不动产登记机构查询房屋的权利人、产权来源、抵押和贷款情况、土地使用情况、是否有法院查封等信息）。

【出处】《房地产经纪职业导论》（第四版）P156~157

8.【答案】A

【解析】由于租赁交易当事人重复交易的频率远远高于买卖交易的频率，在开展房屋租赁经纪业务时，房地产经纪机构更应注意与客户建立长期的合作关系。

【出处】《房地产经纪职业导论》（第四版）P150

9.【答案】B

【解析】房地产经纪从业人员可以将自己所承揽的多笔代办业务集中办理，从而可以降低单笔不动产登记业务所耗费的时间和精力，具有单个权利人不具备的成本优势。

【出处】《房地产经纪职业导论》（第四版）P162

10.【答案】C

【解析】在房地产经纪机构的诸多信息表格中，有一种非常重要的表格——客户登记表。客户登记表是客户资料中最重要的报表。通过客户登记表既可以反映客户人数的变化、所属区域变化、产生客户区域变化的原因；还可以反映客户需求的变化，变化的原因；并且可以反映政策的变化所导致的销售情况的变化等。

【出处】《房地产经纪职业导论》（第四版）P171

11.【答案】ACD

【解析】根据房地产经纪活动所促成的房地产交易类型，可以将房地产经纪业务分为房地产转让经纪业务、房地产租赁经纪业务和房地产抵押经纪业务。

【出处】《房地产经纪职业导论》（第四版）P150

12.【答案】ADE

【解析】商业房地产租赁代理业务流程：① 客户开拓；② 签订房地产经纪服务合同；③ 信息搜集与分析；④ 信息传播；⑤ 引领承租方查勘物业；⑥ 租赁谈判与租赁合同签订；⑦ 办理租赁合同备案；⑧ 佣金结算；⑨ 后续服务（如有委托方联络装修公司提供搬迁方案，联络搬迁公司等）。房屋租赁合同签订之后环节有⑦⑧⑨。

【出处】《房地产经纪职业导论》（第四版）P159~162

13.【答案】ACE

【解析】"客户意识"：① 平等化意识。房地产经纪从业人员在服务客户时，不可因年龄、外貌、消费能力等因素而有差别化对待。同时，注意维护客户和自身的自尊，在服务过程中与客户也是平等的互利关系。② 珍惜常客。经常惠顾的客户与其他客户同时在场时，可以在招呼语中添些寒暄之类的应酬话，等其他客户离去后再施以特别待遇，并可尝试将已服务客户登记在档，跟踪服务，形成客户资源。③ 充分体察客户的期望。房地产经纪从业人员要善于在电话问询、当面倾谈、看房等服务过程中体会、发现客户的期望。

【出处】《房地产经纪职业导论》（第四版）P156

14.【答案】ACE

【解析】鉴别（鉴别就是对房地产经纪信息的准确性、真实性、可信性进行分析）；筛选（筛选就是对已鉴别的房地产经纪信息进行挑选）；整序（整序就是将房地产经纪信息整理归类）；编辑（编辑就是对整序后的信息进行具体的文字整理过程）；研究（研究是一种较高层次的信息加工整理步骤）。

【出处】《房地产经纪职业导论》（第四版）P170~171

15.【答案】ABDE

【解析】存量房买卖、租赁经纪业务的业务流程包括：① 客户开拓；② 客户接待与业务洽谈；③ 房屋查验；④ 签订房地产经纪服务合同；⑤ 信息收集与传播；⑥ 引领买方（承租方）看房；⑦ 协助交易达成；⑧ 合同备案与产权登记；⑨ 房屋交接；⑩ 佣金结算；⑪ 后续服务。"办理不动产权属转移登记"属于存量房买卖中的业务。

【出处】《房地产经纪职业导论》（第四版）P155~159

16.【答案】ABCD

【解析】贷款方案主要由以下要素组成：① 贷款类型（商业性贷款、住房公积金贷款、组合贷款）；② 贷款成数（贷款金额占房地产价值的比率）；③ 贷款金额；④ 贷款期限；⑤ 偿还比率（又称收入还贷比，指借款人分期偿还额占其同期收入的比率）；⑥ 贷款偿还方式（等额本息还款法或等额本金还款法）。贷款能否成功经过银行批准主要取决于客户的资信，房地产经纪机构无法对贷款申请的结果承担担保责任。

【出处】《房地产经纪职业导论》（第四版）P163

17.【答案】ABCD

【解析】房地产经纪信息的搜集：通常可从以下途径进行收集：① 收集报纸、广播、电视、杂志等公开传播的房地产经纪信息；② 从开发商、银行、政府相关部门等单位调查、收集房地产经纪信息；③ 通过门店接待、上门拜访、信函或电话询问、人群聚集场所问询等方式直接采集；④ 利用互联网、联机系统等计算机网络获取；⑤ 利用微信朋友圈、微信群、QQ群等网络社交工具采集。

【出处】《房地产经纪职业导论》（第四版）P170

【章节测试】

一、单选题（每题的备选答案中只有1个最符合题意）

1. 到目前为止，我国房地产经纪业务的主要类型是（　　）。
   A. 卖方代理业务　　　　　　　B. 买方代理业务
   C. 写字楼经纪业务　　　　　　D. 住宅经纪业务

2. 房地产买方代理业务是以（　　）的名义承购房地产的服务行为。
   A. 委托人　　　　　　　　　　B. 受托人
   C. 中间人　　　　　　　　　　D. 经纪机构

3. 下列选项中，不属于房地产经纪服务的售后服务的是（　　）。
   A. 改进服务　　　　　　　　　B. 基本服务
   C. 跟踪服务　　　　　　　　　D. 扩展服务

4. 对客户感到不满意的环节进行必要的补救是房地产经纪机构后续服务中的（　　）服务。
   A. 延伸　　　　　　　　　　　B. 改进
   C. 跟踪　　　　　　　　　　　D. 增值

5. 房地产经纪业务中，"一、二手业务联动"是指（　　）。
   A. 买方代理业务与卖方代理业务融合
   B. 住宅经纪业务与商业房地产经纪业务融合
   C. 买卖经纪业务与租赁经纪业务融合
   D. 新建商品房经纪业务与存量房经纪业务融合

6. 新建商品房销售代理业务的流程中，购房者与开发商常常产生矛盾的是（　　）阶段。
   A. 交房　　　　　　　　　　　B. 带看
   C. 签约　　　　　　　　　　　D. 交费

7. 下列选项中，不属于新建商品房销售代理的业务流程的是（　　）。
   A. 项目研究　　　　　　　　　B. 项目结算
   C. 物业结清　　　　　　　　　D. 销售执行

8. 在客户接待与业务洽谈中，房地产经纪从业人员应通过核实身份和（　　）来把握卖方客户。

A. 产权状况 B. 卖方收入
C. 反复沟通 D. 合同签署

9. 经纪人员通过房源数据库进行查询房源、添加房源、更新房源等业务操作，这属于（　　）。
A. 房源开发网络化 B. 经纪门店网络化
C. 房源发布网络化 D. 房源管理网络化

二、多选题（每题的备选答案中有2个或2个以上符合题意）

10. 房地产经纪业务根据房地产经纪活动所促成的房地产交易类型，可划分为（　　）。
A. 土地经纪业务 B. 存量房经纪业务
C. 房地产抵押经纪业务 D. 房地产租赁经纪业务
E. 房地产转让经纪业务

11. 房地产经纪机构信息管理系统协同原则中，"协同"的含义有（　　）。
A. 流程协同 B. 人的协同
C. 信息协同 D. 应用协同
E. 管理协同

12. 房地产经纪机构在进行业务流程管理时可以采取的方法是（　　）。
A. 培养复合型人才 B. 培养专业型人才
C. 重塑企业文化 D. 建立流程管理信息系统
E. 建立有效的组织保障

13. 房地产经纪人员在编写房屋状况说明书时要根据（　　）所得到的情况编写。
A. 现场查验 B. 产权调查
C. 信息搜集 D. 购房资质
E. 交易对象

14. 下列关于房源发布网络化的说法，错误的是（　　）。
A. 提高了信息发布的速度 B. 在线观看意向房源的各类信息
C. 24小时全方位信息获取平台 D. 与房源管理软件不联动
E. 提高了信息发布的成本

15. 房地产经纪人员为了确保出售方能够按时、足额地收取房款，需要特别重视对承购方（　　）的调查。
A. 支付能力 B. 家庭成员
C. 客户年龄 D. 工作单位
E. 信用

【章节测试答案】

1.【答案】D
【解析】到目前为止，住宅经纪业务一直是我国房地产经纪业务的主要类型。
【出处】《房地产经纪职业导论》（第四版）P152

2.【答案】A

【解析】房地产买方代理业务是指房地产经纪机构受委托人委托，以委托人名义承租、承购房地产的专业服务行为。

【出处】《房地产经纪职业导论》（第四版）P153

3.【答案】B

【解析】后续服务是房地产经纪机构提高服务质量、稳定客户资源的重要环节。后续服务的内容可包括三个主要方面：第一是扩展服务，如作为买方代理时为买方进一步提供装修、家具配置、搬家等服务；第二是改进服务，即了解客户对本次交易的满意程度，对客户感到不满意的环节进行必要的补救；第三是跟踪服务，即了解客户是否有新的需求意向，并提供针对性的服务。

【出处】《房地产经纪职业导论》（第四版）P159

4.【答案】B

【解析】改进服务：即了解客户对本次交易的满意程度，对客户感到不满意的环节进行必要的补救。

【出处】《房地产经纪职业导论》（第四版）P159

5.【答案】D

【解析】新建商品房经纪业务与存量房经纪业务的融合，俗称"一、二手业务联动"。

【出处】《房地产经纪职业导论》（第四版）P149

6.【答案】A

【解析】"交房"期间常常是购房者与开发商产生矛盾的主要阶段，房地产经纪机构及人员作为中介方，应充分了解各种矛盾的详细情况，找到症结，为开发商和购房者提供有效的解决方案，积极化解矛盾。

【出处】《房地产经纪职业导论》（第四版）P155

7.【答案】C

【解析】新建商品房销售代理业务的流程为：项目信息开发与整合；项目研究与拓展；项目签约；项目执行企划；销售准备；销售执行；项目结算。

【出处】《房地产经纪职业导论》（第四版）P153~155

8.【答案】A

【解析】房地产经纪从业人员应通过核实身份与产权状况把握来访者中的卖主，通过交谈来了解其是否真心打算出售或出租房产，并通过请其填写委托书来检验。

【出处】《房地产经纪职业导论》（第四版）P156

9.【答案】D

【解析】经纪人员通过房源数据库进行查询房源、添加房源、更新房源等业务操作，经纪门店和经纪机构的管理人员通过房源数据库掌握门店、机构内的房源及其业务跟进状况，进行房源分配、房源分类统计等，属于房源管理网络化。

【出处】《房地产经纪职业导论》（第四版）P180

10.【答案】CDE

【解析】根据房地产经纪活动所促成的房地产交易类型，理论上可以将房地产经纪业务分为房地产转让经纪业务、房地产租赁经纪业务和房地产抵押经纪业务。

【出处】《房地产经纪职业导论》（第四版）P150

11. 【答案】ABCD
【解析】协同概念包括四个含义：人的协同、信息协同、应用协同、流程协同。
【出处】《房地产经纪职业导论》（第四版）P174

12. 【答案】ACDE
【解析】房地产经纪机构业务流程管理可以采取的主要方法和措施包括：建立有效的组织保障、建立流程管理信息系统、重塑企业文化、培养复合型人才。
【出处】《房地产经纪职业导论》（第四版）P168～169

13. 【答案】ABC
【解析】房地产经纪从业人员接受委托业务后，要收集标的房屋信息、与标的房屋相关的市场信息和委托方的信息，房地产经纪从业人员要对以上信息进行辨别、分析、整理后，应根据物业现场查验、产权调查和信息搜集所得到的情况，编写出售人或出租人委托房屋的房屋状况说明书。
【出处】《房地产经纪职业导论》（第四版）P157

14. 【答案】DE
【解析】房源发布系统往往与房源发布软件是联动的，房源信息化降低了信息发布的成本。
【出处】《房地产经纪职业导论》（第四版）P180

15. 【答案】AE
【解析】房地产经纪机构可以在合理平衡售价（或租金）与成交速度的前提下，尽量帮助委托人实现这一诉求，同时应特别重视对承购（或承租）方实际支付能力与信用的调查，以确保出售（租）方能按时、足额收取房款或租金。
【出处】《房地产经纪职业导论》（第四版）P153

第七章 房地产经纪服务合同

【章节导引】

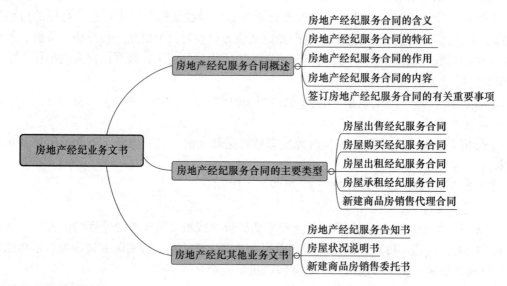

【章节核心知识点】

核心知识点1：房地产经纪服务合同

房地产经纪服务合同是指房地产经纪机构为促成委托人与第三方的房地产交易而提供有偿经纪服务，与委托人之间设立、变更、终止权利义务关系的协议，是委托人与房地产经纪机构就某一个项目进行协商而达成一致的协议。

完全民事行为能力人是指18周岁以上可以独立进行民事活动的自然人，或16周岁以上不满18周岁以自己的劳动收入为主要生活来源的自然人。无民事行为能力人或者限制民事行为能力人，应由其监护人代理签署合同。

判断房地产经纪服务合同在形式上是否规范的要件有三个：一是委托人的签名或者盖章；二是受托房地产经纪机构的盖章；三是承办该业务的一名房地产经纪人或者两名房地产经纪人协理签名。这三个要件必须同时具备，缺一不可。

1. （单选题）下列人员中，属于完全民事行为能力人的是（　　）。
   A. 张某15岁，高中学生　　　　B. 李某50岁，精神病人
   C. 王某16岁，餐馆服务员　　　D. 赵某5岁，学龄儿童

【答案】C

【解析】完全民事行为能力人是指 18 周岁以上可以独立进行民事活动的自然人，或 16 周岁以上不满 18 周岁以自己的劳动收入为主要生活来源的自然人。

【出处】《房地产经纪职业导论》（第四版）P188

核心知识点 2：房地产经纪服务合同的特征

（1）房地产经纪服务合同是双务合同：

双务合同是指双方当事人互相享有权利、承担义务的合同，是商品交换最为典型的法律表现形式。

（2）房地产经纪服务合同是有偿合同：

有偿合同是指当事人取得权利必须支付相应对价的合同。一方当事人取得利益，必须向对方当事人支付相应的对价，而支付相应对价的一方，必须取得相应的利益。

（3）房地产经纪服务合同是书面形式的合同。

1．（单选题）房地产经纪服务合同中，双方当事人互相享有权利、承担义务，是商品交换最为典型的法律表现形式，这体现了房地产经纪服务合同是（　　）。

　　A．要式合同　　　　　　　　B．典型合同
　　C．诺成合同　　　　　　　　D．双务合同

【答案】D

【解析】双务合同是指双方当事人互相享有权利、承担义务的合同，是商品交换最为典型的法律表现形式。

【出处】《房地产经纪职业导论》（第四版）P189

核心知识点 3：房地产经纪服务合同的作用

（1）有效保障合同当事人的合法权益；
（2）维护和保证市场交易的安全与秩序；
（3）明确房地产经纪服务内容和标准。

1．（单选题）下列关于房地产经纪服务合同作用的说法，错误的是（　　）。

　　A．保障合同当事人的合法利益
　　B．保证市场交易秩序
　　C．房地产经纪机构服务更加细分化
　　D．房地产经纪服务的内容和标准更加明确

【答案】C

【解析】房地产经纪服务合同的作用：①有效保障合同当事人的合法权益；②维护和保证市场交易的安全与秩序；③明确房地产经纪服务内容和标准。

【出处】《房地产经纪职业导论》（第四版）P189～190

核心知识点 4：房地产经纪服务合同的内容

（1）房地产经纪服务合同的基本内容：

① 房地产经纪服务双方当事人的姓名（名称）、住所等情况和执行业务的房地产经纪专业人员的情况，缔约双方是房地产经纪机构和委托人。

② 房地产经纪服务的项目、内容、要求以及完成的标准。

③ 服务费用及支付方式：服务费用是房地产经纪机构提供房地产经纪服务应得到的服务报酬，由佣金和代办服务费两部分构成。

④ 合同当事人的权利和义务。

⑤ 委托期限。

⑥ 违约责任和纠纷解决方式。

（2）房地产经纪服务合同的补充内容：

根据委托人与房地产经纪机构的协商，房地产经纪服务合同还可以针对房地产经纪机构提供的其他延伸业务增加相关补充内容，但双方协议认为需要另外签订服务合同的延伸业务除外。增设补充内容时要特别注意的是，应将房地产经纪服务（也是房地产经纪机构的基本业务）与房地产经纪延伸业务区分清楚。房地产经纪机构完成房地产经纪服务后委托人就有义务支付佣金，延伸业务的效果不应作为影响委托人佣金支付义务的因素。延伸业务是否收费应由经纪机构和委托人协商确定，但其本身并不作为影响委托人佣金支付义务的因素。

1. （单选题）下列条款内容中，不属于房地产经纪服务合同基本内容的是（　　）。

   A. 佣金费用和支付方式　　B. 服务事项和服务标准
   C. 委托人的收入状况　　　D. 委托期限

【答案】C

【解析】房地产经纪服务合同的基本内容：① 房地产经纪服务双方当事人的姓名（名称）、住所等情况和执行业务的房地产经纪专业人员的情况，缔约双方是房地产经纪机构和委托人；② 房地产经纪服务的项目、内容、要求以及完成的标准；③ 服务费用及支付方式；④ 合同当事人的权利和义务；⑤ 委托期限；⑥ 违约责任和纠纷解决方式。

【出处】《房地产经纪职业导论》（第四版）P190~192

核心知识点 5：签订房地产经纪服务合同的有关重要事项

（1）签约前房地产经纪机构的书面告知义务：

根据《房地产经纪管理办法》，房地产经纪机构在签订房地产经纪服务合同前，有义务向委托人书面说明：① 是否与委托房屋有利害关系；② 应当由委托人协助的事宜和提供的资料；③ 委托房屋的市场参考价格；④ 房屋交易的一般程序及可能存在的风险；⑤ 房屋交易涉及的税费；⑥ 经纪服务的内容及完成标准；⑦ 经纪服务收费标准和支付时间；⑧ 其他需要告知的事项。并将相应告知内容记载于房地产经纪服务告知确认书。

（2）签约中房地产经纪机构的验证义务：

① 查看委托人身份证明；
② 查看委托出售、出租的房屋及房屋权属证书。
（3）签约后房地产经纪机构对合同履行的监督义务：
房地产经纪服务合同签订后，房地产经纪机构要加强对合同履行的监督，及时了解房地产经纪人员在合同履行中的困难和问题，并接受委托人的合理意见和投诉，及时处理相关问题，保证合同的正常履行。
（4）履约完房地产经纪机构对合同文本的保存责任：
房地产经纪服务合同是业务记录资料中的关键内容，同时也是其他相关机构（如法院、房地产行政管理部门、房地产经纪行业组织等）开展调查研究的重要资料，应至少保存5年。
（5）签订房地产经纪服务合同的其他注意事项：
委托人与房地产经纪机构签订房地产经纪服务合同，应当向房地产经纪机构提供真实有效的身份证明。

1.（多选题）房地产经纪机构与委托人签订房地产经纪服务合同时，应注意书面告知（　　）。
  A. 委托人的收入　　　　　　　B. 是否与委托房屋有利害关系
  C. 出卖房屋的市场参考价格　　D. 房屋交易涉及的税费
  E. 佣金的收费标准和支付时间
【答案】BCDE
【解析】根据《房地产经纪管理办法》，房地产经纪机构在签订房地产经纪服务合同前，有义务向委托人书面说明：① 是否与委托房屋有利害关系；② 应当由委托人协助的事宜和提供的资料；③ 委托房屋的市场参考价格；④ 房屋交易的一般程序及可能存在的风险；⑤ 房屋交易涉及的税费；⑥ 经纪服务的内容及完成标准；⑦ 经纪服务收费标准和支付时间；⑧ 其他需要告知的事项。并将相应告知内容记载于房地产经纪服务告知确认书。
【出处】《房地产经纪职业导论》（第四版）P193

核心知识点6：新建商品房销售代理合同的主要内容

（1）新建商品房销售代理合同双方当事人的名称、地址等情况。
（2）新建商品房的基本情况：包括项目名称、位置、性质和代理范围、有关商品房销售项目基本情况和相关批准手续、证照办理情况等。
（3）房地产经纪服务的项目、内容、要求以及完成的标准。
（4）委托期限与方式。
（5）经纪服务费用及其支付方式：新建商品房销售代理的服务费用一般包括佣金和代办的营销费用。
（6）委托方的权利义务。
（7）房地产经纪机构的权利义务。
（8）违约责任（合同履行期间，任何一方要求变更合同条款，应书面通知对方。合同履行期间，任何一方如有确凿证据证明对方的行为严重影响自己的利益，必须终止合同的，可于委托期限届满前，书面通知对方解除本协议，并结清相关费用，或追偿违约金）。

（9）合同变更与解除。

（10）合同纠纷解决方式。

1. （单选题）新建商品房销售代理服务的费用一般包括佣金和（　　）费用。
   A. 委托　　　　　　　　　B. 差价
   C. 劳务　　　　　　　　　D. 营销

【答案】D

【解析】新建商品房销售代理的服务费用一般包括佣金和代办的营销费用。佣金一般为代理销售价格的一定比率，并随销售进度分批支付。可以约定根据销售批次采取不同的佣金比率。营销费用应包括项目销售中投入的媒体广告、楼书制作、售楼处与样板房装修、销售案场的办公费用等。

【出处】《房地产经纪职业导论》（第四版）P203

【真题实测】

一、单选题（每题的备选答案中只有1个最符合题意）

1. 房地产经纪机构的服务收入主要由佣金和（　　）组成。
   A. 广告费　　　　　　　　B. 看房费
   C. 代办服务费　　　　　　D. 信息费

2. 房地产经纪服务合同的缔约双方是（　　）。
   A. 房地产经纪机构与房地产经纪人员　　B. 委托人与房地产经纪人员
   C. 委托人与房地产经纪机构　　　　　　D. 委托人与交易相对人

3. 房地产经纪延伸服务的收费由（　　）确定。
   A. 房地产经纪人和委托人协商　　B. 房地产经纪机构
   C. 价格管理部门　　　　　　　　D. 房地产经纪机构和委托人协商

4. 房地产开发企业向房地产经纪机构出具新建商品房销售委托书的主要作用是（　　）。
   A. 约定购房者和经纪机构的权利义务
   B. 向购房者证明经纪机构具有营业资格
   C. 约定房地产开发企业和经纪机构的权利义务
   D. 向购房者证明经纪机构具有代理销售权

5. 存量房买卖经纪服务完成的标准一般是（　　）。
   A. 买方取得不动产权证　　　　B. 买卖双方完成房屋交换
   C. 买卖双方签订房地产买卖合同　　D. 卖方收到全部房款

6. 关于签订房地产经纪服务合同的说法，正确的是（　　）。
   A. 有利于提高房地产经纪服务佣金
   B. 有利于维护房地产市场交易的安全和秩序
   C. 有利于提高不动产登记效率

D. 有利于提高房地产交易频率

二、多选题（每题的备选答案中有 2 个或 2 个以上符合题意）

7. 在一份规范的房地产经纪服务合同上签章的民事主体通常有（   ）。
   A. 委托人
   B. 房地产经纪机构
   C. 房地产经纪专业人员
   D. 房地产交易相对人
   E. 房地产管理部门

8. 房地产经纪服务合同属于（   ）。
   A. 双务合同
   B. 口头合同
   C. 从合同
   D. 有偿合同
   E. 劳务合同

【真题实测答案解析】

1. 【答案】C
【解析】服务费用是房地产经纪机构提供房地产经纪服务应得到的服务报酬，由佣金和代办服务费两部分构成。
【出处】《房地产经纪职业导论》（第四版）P191

2. 【答案】C
【解析】房地产经纪服务合同的缔约双方是委托人和房地产经纪机构。
【出处】《房地产经纪职业导论》（第四版）P190

3. 【答案】D
【解析】房地产经纪延伸服务是否收费由房地产经纪机构和委托人协商确定。
【出处】《房地产经纪职业导论》（第四版）P192

4. 【答案】D
【解析】新建商品房销售委托书是开发商基于新建商品房销售代理合同，而向与其签订合同的房地产经纪机构出具的商品房销售代理授权书，以便于房地产经纪机构向购房者等第三方明示其所具有的商品房代理销售权。
【出处】《房地产经纪职业导论》（第四版）P206

5. 【答案】C
【解析】房地产经纪服务一般以房地产交易合同（包括买卖合同和租赁合同）签订为完成标准。
【出处】《房地产经纪职业导论》（第四版）P191

6. 【答案】B
【解析】房地产经纪服务合同的作用是：① 有效保障合同当事人的合法权益；② 维护和保证市场交易的安全与秩序；③ 明确房地产经纪服务内容和标准。
【出处】《房地产经纪职业导论》（第四版）P189

7. 【答案】ABC
【解析】判断房地产经纪服务合同在形式上是否规范的要件有三个：一是委托人的签名或者盖章；二是受托房地产经纪机构的盖章；三是承办该业务的一名房地产经纪人或者两名房地产经纪人协理签名。这三个要件必须同时具备，缺一不可。

【出处】《房地产经纪职业导论》(第四版) P189

8.【答案】AD

【解析】房地产经纪服务合同是双务合同、有偿合同、书面合同。

【出处】《房地产经纪职业导论》(第四版) P189

【章节测试】

一、单选题（每题的备选答案中只有 1 个最符合题意）

1. 房地产经纪机构在记录业务资料时关键性内容是（   ）。
   A. 房屋交接单   B. 房屋状况说明书
   C. 买卖双方提交的资料   D. 房地产经纪服务合同

2. 房地产经纪服务合同中的委托方式中，（   ）属于独家委托的优点。
   A. 委托人可以把房屋同时委托给多家房地产经纪机构出售
   B. 房源信息可以尽可能多地传递到客户
   C. 房地产经纪机构竞争激烈，可能为成交不择手段
   D. 会集中力量将房源推荐给客户

3. 房地产经纪服务中应得到的服务费主要是佣金和（   ）。
   A. 带看费   B. 代书费
   C. 登记费   D. 代办服务费

4. 房地产经纪服务合同最少的保存期限是（   ）。
   A. 1 年   B. 2 年
   C. 3 年   D. 5 年

二、多选题（每题的备选答案中有 2 个或 2 个以上符合题意）

5. 判断一个合同是不是房地产经纪服务合同，主要从（   ）来判断。
   A. 合同名称   B. 合同内容
   C. 合同金额   D. 合同签订周期
   E. 合同签订时间

6. 签订房屋出售经纪服务合同，房地产经纪机构应当核实（   ）。
   A. 房屋的权属证明   B. 房屋的坐落
   C. 房屋的性质   D. 房屋共有人情况
   E. 委托人的三年征信

7. 在签订房屋出售经纪服务合同中，房地产经纪机构提供的基本服务包括（   ）。
   A. 缴费税费   B. 寻找承购人
   C. 公证手续   D. 提供法律、法规行情资讯
   E. 协助买卖双方签订房屋买卖合同

8. 房地产经纪机构与委托人签订房屋购买经纪服务合同时应注意（   ）。
   A. 明确委托人的购房需求   B. 购买人相关税费说明
   C. 出售房屋的产权查验   D. 购买人的家庭收入
   E. 合同中对延伸服务的具体内容进行约定

9. 房地产经纪机构在销售现场需要明示新建商品房销售委托书，其内容包括（   ）。

A. 委托期限 B. 委托权限
C. 代办服务流程 D. 委托方情况
E. 项目基本情况

10. 房地产经纪服务的项目通常包括（　　）。
A. 收取佣金 B. 实地看房
C. 代拟合同 D. 房屋质量担保
E. 提供房地产信息

11. 房地产经纪机构通过不动产登记部门来核实房屋的权属情况，主要核实（　　）。
A. 抵押情况 B. 共有情况
C. 出租情况 D. 房地产面积
E. 房屋的建成年代

【章节测试答案】

1.【答案】D

【解析】房地产经纪服务合同是业务记录资料中的关键内容，同时也是其他相关机构（如法院、房地产行政管理部门、房地产经纪行业组织等）开展调查研究的重要资料，应至少保存5年。

【出处】《房地产经纪职业导论》（第四版）P194

2.【答案】D

【解析】独家委托中委托人把房屋授权给一家房地产经纪机构出售，并确定一定的委托期限。在委托期内，房地产经纪机构为了促成交易，会集中力量将房源推荐给客户，缺点在于受托房地产经纪机构客户资源有限。

【出处】《房地产经纪职业导论》（第四版）P197

3.【答案】D

【解析】服务费用是房地产经纪机构提供经纪服务应得到的服务报酬，由佣金和代办服务费两部分构成。

【出处】《房地产经纪职业导论》（第四版）P191

4.【答案】D

【解析】房地产经纪服务合同最少的保存期限是5年。

【出处】《房地产经纪职业导论》（第四版）P194

5.【答案】AB

【解析】判断一个合同是不是房地产经纪服务合同，不能只看合同的名称，更要看合同主要条款的内容。只要是房地产经纪机构和委托人之间设立、变更、终止权利义务关系的合同，都是房地产经纪服务合同。

【出处】《房地产经纪职业导论》（第四版）P189

6.【答案】ABCD

【解析】房地产经纪机构在与委托人签订房屋出售、出租经纪服务合同前，应当认真查看委托交易房屋的房屋所有权证、不动产权证书和证明房屋他项权利的证书（如房地产抵押证明）等权属证书，并实地查看房屋，核实房屋的坐落、楼层、建筑面积、规划设计用途等基本情况和共有权人情况、土地使用状况、房屋性质、抵押情况等权属及权利情况。

【出处】《房地产经纪职业导论》（第四版）P193～194

7.【答案】BDE

【解析】在房屋出售经纪业务合同中，房地产经纪机构可以提供的基本服务内容包括：提供与标的房屋买卖相关的法律法规、政策、市场行情咨询；寻找承购人；协助委托人与承购人达成交易，签订房屋买卖合同。AC选项属于房地产经纪机构可以提供的延伸服务。

【出处】《房地产经纪职业导论》（第四版）P195

8.【答案】ABE

【解析】签订房屋购买经纪服务合同的注意事项：① 明确委托人的购房需求；② 购买人相关税费政策的说明；③ 房屋购买经纪业务中的延伸服务。

【出处】《房地产经纪职业导论》（第四版）P198～199

9.【答案】ABDE

【解析】新建商品房销售委托书的主要内容有：① 委托方与受托方情况：委托方房地产开发商和受托方房地产经纪机构的名称、注册地址、法人代表（或授权代表）；② 新建商品房的基本情况：新建商品房的项目名称、位置、性质等；③ 授权房地产经纪机构代理事务的项目名称、内容；④ 委托期限和具体的委托权限。

【出处】《房地产经纪职业导论》（第四版）P206～207

10.【答案】BCE

【解析】房地产经纪服务合同的项目通常包括三项，即提供房地产信息、实地看房和代拟合同，三项服务也可以在书面合同中进一步细化。

【出处】《房地产经纪职业导论》（第四版）P191

11.【答案】ABC

【解析】房地产经纪机构及其人员在为委托人提供房地产经纪服务前应当查看委托出售房屋的实体及房屋权属证书，然后再通过不动产登记部门核实该房屋的权属状况，包括该房屋是否设定抵押权、有无出租情况或有其他权利限制、是否存在共有人，产权单位对房屋出售是否有限制条件或房屋是否符合上市条件等。

【出处】《房地产经纪职业导论》（第四版）P196

第八章 房地产经纪执业规范

【章节导引】

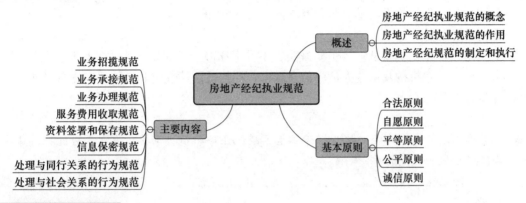

【章节核心知识点】

核心知识点1：执业规范概述

1. 房地产经纪执业规范概述

（1）执业规范兼有社会规范和技术规范的性质。它有以下特点：行业性、广泛性、实用性、时代性。

（2）房地产经纪执业规范主要调整三类关系：一是房地产经纪执业主体（包括房地产经纪机构和房地产经纪从业人员）与房地产交易当事人（包括交易双方及其他当事人）之间的关系，即客户关系；二是房地产经纪执业主体与社会大众之间的关系，即社会关系；三是房地产经纪执业主体之间的关系，即同行或者同业关系。

（3）房地产经纪执业规范的适用对象包括房地产经纪机构和房地产经纪人员。

2. 房地产经纪执业基本原则

（1）合法原则：

① 房地产经纪机构和经纪人员合法；

② 房地产交易当事人合法；

③ 交易房地产合法；

④ 房地产经纪行为合法。

（2）自愿原则：

① 房地产经纪活动当事人自主决定与房地产经纪服务有关的事项；

② 房地产经纪活动当事人对自己的真实意思负责，自愿做出的承诺具有法律效力；

③ 自愿不是绝对的，应以遵守法律，尊重社会公德，不损害社会公共利益为前提。

（3）平等原则：

①房地产经纪活动当事人的法律地位平等；

②房地产经纪活动当事人的权利和义务对等。

（4）公平原则：

①房地产经纪机构及人员在从事中介服务时，应当严格遵守相关法律法规和房地产经纪执业规范的有关规定；

②房地产经纪机构及专业人员在承担交易一方代理人时，应在维护委托人利益的同时，不损害委托人交易相对方的利益；

③房地产经纪机构及从业人员相互之间应公平竞争。

（5）诚信原则：

①房地产经纪机构及从业人员要诚实，不弄虚作假，不欺诈，不进行不正当竞争；

②房地产经纪机构及从业人员应信守诺言，严格按法律规定和合同约定履行义务，不得擅自违约或毁约。

1.（单选题）房地产经纪执业规范涵盖了经纪业务招揽、承接、办理等全过程，体现了房地产经纪执业规范的（　　）。

　　A. 行业性　　　　　　　　　B. 广泛性
　　C. 实用性　　　　　　　　　D. 时代性

【答案】B

【解析】执业规范的广泛性：只要是某个行业的执业活动或者专业服务行为，就一定要符合该行业的执业规范。换言之，执业规范渗透到相应行业的方方面面。例如，房地产经纪执业规范涵盖了经纪业务的招揽、承接、办理及后续服务等全过程。

【出处】《房地产经纪职业导论》（第四版）P208

2.（单选题）房地产经纪要求"受人之托，忠人之事"，房地产估价不允许迎合委托人的"高估低评"，这体现了执业规范的（　　）。

　　A. 时代性　　　　　　　　　B. 独立性
　　C. 实用性　　　　　　　　　D. 行业性

【答案】D

【解析】执业规范的行业性：执业规范只适用于特定行业或者特定的社会活动。例如，房地产估价要求保持独立性，房地产经纪就不需要；房地产要求"受人之托，忠人之事"，房地产估价不允许迎合委托人的"高估低评"。

【出处】《房地产经纪职业导论》（第四版）P208

3.（单选题）房地产经纪机构和人员在从事中介服务中，不偏向交易双方的任何一方，体现了房地产经纪执业原则的（　　）。

　　A. 合法原则　　　　　　　　B. 自愿原则
　　C. 公平原则　　　　　　　　D. 平等原则

【答案】C

【解析】房地产经纪机构及人员在从事中介服务时，应当严格遵守相关法律法规和房地产经纪执业规范的有关规定以及房地产经纪服务合同的约定，以正义、公平、正直的观念指导自己的行为，不偏向交易双方的任何一方，用公正的心态平衡当事人各方的利益、处理交易当事人之间的关系。

【出处】《房地产经纪职业导论》（第四版）P216

核心知识点 2：业务招揽规范

（1）房地产经纪机构和从业人员要注意业务招揽方式，比如房地产经纪机构和从业人员未经信息接收者、被访者同意或请求，或者信息接收者、被访者明确表示拒绝的，不得向其固定电话、移动电话、个人电子邮箱或微信发送房源、客源信息，不得拨打其电话、上门推销房源、客源或者招揽业务。

（2）不得虚假宣传，不得夸大自己的业务能力，不得为招揽业务故意诋毁、诽谤其他房地产经纪机构和从业人员信誉、声誉等。

（3）不得向已经公开要求"免中介"或已由其他经纪机构独家代理其房地产交易的对象招揽房地产经纪业务。

（4）房地产经纪机构和从业人员为了招揽房屋出售、出租经纪业务，不得用能卖（租）高价等借口误导出售人（出租人）；房地产经纪机构和从业人员招揽房屋承购、承租经纪业务时，不得发布虚构的低价房源信息诱骗潜在客户，不得捏造散布涨价信息或者可为客户省钱等信息误导承购人、承租人。

1．（单选题）在下列行为中，违反了房地产经纪业务招揽规范的是（　　）。
　　A．不做虚假宣传
　　B．故意诋毁其他房地产经纪机构
　　C．不向已经要求"免中介"的交易对象招揽业务
　　D．不用能卖高价的借口诱导出售人
【答案】B
【解析】在业务招揽过程中，首选经纪机构和从业人员要注意业务招揽方式，其次，不得虚假宣传，不得夸大自己的业务能力，不得为招揽业务故意诽谤、诋毁其他房地产经纪机构和从业人员信誉、声誉等；不得向已经公开要求"免中介"或已由其他经纪机构独家代理其房地产交易的对象招揽业务；房地产经纪机构和从业人员为了招揽房屋出售、出租经纪业务，不得用能卖（租）高价等借口误导出售人（出租人）等。

【出处】《房地产经纪职业导论》（第四版）P218

核心知识点 3：房地产经纪机构应在经营场所公示的内容

（1）营业执照和备案证明文件；
（2）服务项目、服务内容和服务标准；
（3）房地产经纪业务流程；
（4）收费项目、收费依据和收费标准；
（5）房地产交易资金监管方式；

（6）房地产经纪信用档案查询方式、投诉电话及 12358 价格举报电话；

（7）建设（房地产）主管部门或者房地产经纪行业组织制定的房地产经纪服务合同、房屋买卖合同、房屋租赁合同示范文本；

（8）法律、法规、规章规定应当公示的其他事项。

1. （多选题）房地产经纪机构应当在经营场所公示的内容有（   ）。
   A. 业务流程   B. 收费依据
   C. 备案证明   D. 房源情况
   E. 法人身份信息

【答案】ABC

【解析】房地产经纪机构应当在其经营场所公示下列内容：① 营业执照和备案证明文件；② 服务项目、服务内容和服务标准；③ 房地产经纪业务流程；④ 收费项目、收费依据和收费标准；⑤ 房地产交易资金监管方式；⑥ 房地产经纪信用档案查询方式、投诉电话及 12358 价格举报电话；⑦ 建设（房地产）主管部门或者房地产经纪行业组织制定的房地产经纪服务合同、房屋买卖合同、房屋租赁合同示范文本；⑧ 法律、法规、规章规定应当公示的其他事项。

【出处】《房地产经纪职业导论》（第四版）P218～219

核心知识点 4：发布房源信息或广告

房地产广告不得含有下列内容：
（1）升值或者投资回报的承诺；
（2）以项目达到某一具体参照物的所需时间表示项目位置；
（3）违反国家有关价格管理的规定；
（4）对规划或者建设中的交通、商业、文化教育设施以及其他市政条件作误导宣传；
（5）不得含有风水、占卜等封建迷信内容，对项目情况进行的说明、渲染，不得有悖社会良好风尚；
（6）不得利用其他项目的形象、环境作为本项目的效果；
（7）不得含有广告主能够为入住者办理户口、就业、升学等事项的承诺。

凡下列情况的房地产，不得发布广告：
（1）在未经依法取得国有土地使用权的土地上开发建设的；
（2）在未经国家征用的集体所有的土地上建设的；
（3）司法机关和行政机关依法裁定、决定查封或者以其他形式限制房地产权利的；
（4）预售房地产，但未取得该项目预售许可证的；
（5）权属有争议的；
（6）违反国家有关规定建设的；
（7）不符合工程质量标准，经验收不合格的；
（8）法律、行政法规规定禁止的其他情形。

1.（单选题）下列关于发布房源信息或广告的说法，错误的是（   ）。
   A. 权属有争议的房源，委托人书面同意后可以对外发布
   B. 发布房源信息需要委托人书面同意
   C. 房源信息必须真实合法
   D. 房源广告，要据实披露

【答案】A

【解析】下列房地产，不得发布广告：① 在未经依法取得国有土地使用权的和土地上开发建设的；② 在未经国家征用的集体所有的土地上建设的；③ 司法机关和行政机关依法裁定、决定查封或者以其他形式限制房地产权利的；④ 预售房地产，但未取得该项目预售许可证的；⑤ 权属有争议的；⑥ 违反国家有关规定建设的；⑦ 不符合工程质量标准，经验收不合格的；⑧ 法律、行政法规规定禁止的其他情形。

【出处】《房地产经纪职业导论》（第四版）P227

核心知识点5：服务费用收取规范

（1）房地产经纪服务实行明码标价制度，不得收取任何未予标明的费用；
（2）服务报酬由房地产经纪机构按照约定向委托人统一收取，并开具合法票据；
（3）房地产经纪人员不得以个人名义收取任何费用；
（4）房地产经纪机构收取佣金不得违反国家法律法规，不得赚取差价及谋取合同约定以外的非法收益；
（5）不得利用虚假信息骗取中介费、服务费、看房费等费用；
（6）对于单边代理的房地产经纪业务，房地产经纪人员有义务向交易相对人或者交易相对人的代理人披露佣金的安排；
（7）房地产经纪机构未完成房地产经纪服务合同约定的事项，或者服务未达到房地产服务合同约定的标准的，不得收取佣金；
（8）房地产经纪机构从事经纪活动支出的必要费用，可以按照房地产经纪服务合同约定要求委托人支付；
（9）房地产经纪服务合同未约定的，不得要求委托人支付；
（10）经委托人同意，两个或者两个以上房地产经纪机构就同一房地产经纪业务开展合作的，只能按一宗业务收费，不得向委托人增加收费；
（11）合作完成机构应当根据合同约定分配佣金。

1.（单选题）下列关于服务费用收取规范的说法，正确的是（   ）。
   A. 房地产经纪服务实行市场调价价格
   B. 房地产经纪人员以个人名义收取费用
   C. 合作完成机构应根据服务的多少分配佣金
   D. 房地产经纪人员无需向交易相对人披露佣金的安排

【答案】A

【解析】房地产经纪服务实行明码标价制度，不得收取任何未予标明的费用，房地产

经纪人员是以经纪机构的名义承接业务和收取费用,合作完成机构应当根据合同约定分配佣金。

【出处】《房地产经纪职业导论》(第四版) P229~230

2.(单选题)房地产经纪机构未完成合同约定的事项,或者服务未达到房地产经纪服务合同约定的标准的,佣金(　　)。

A. 可以收取一半　　　　　B. 可以收取全部
C. 应当收取全部　　　　　D. 不得收取

【答案】D

【解析】房地产经纪机构未完成房地产经纪服务合同约定的事项,或者服务未达到房地产经纪服务合同约定的标准的,不得收取佣金。房地产经纪机构从事经纪活动支出的必要费用,可以按照房地产经纪服务合同约定要求委托人支付;房地产经纪服务合同未约定的,不得要求委托人支付。

【出处】《房地产经纪职业导论》(第四版) P229~230

核心知识点6:处理与同行关系的行为规范

(1)同行及同业间的尊重与合作:

房地产经纪机构和从业人员应当共同遵守经纪服务市场及经纪行业公认的行业准则,从维护行业形象及合法利益的角度出发,相互尊重,公平竞争,不能进行房地产经纪机构之间或房地产经纪人员之间的优劣比较宣传,严禁在公众场合及传媒上发表贬低、诋毁、损害同行声誉的言论。

(2)禁止同行间不正当竞争:

不得采用下列不正当手段与同行进行业务竞争:

① 故意诋毁、诽谤其他房地产经纪机构和人员信誉、声誉,散布、传播关于同行的错误信息;

② 无正当理由,以低于成本价或在同行业收费水平以下收费为条件吸引客户,或采用商业贿赂的方式争揽业务;

③ 房地产经纪从业人员与所受聘的房地产经纪机构解除劳动关系后,诱劝原受聘房地产经纪机构的客户,以取得业务;

④ 故意在委托人与其他房地产经纪机构和人员之间设置障碍,故意破坏同行促成的交易,制造纠纷和麻烦,进行揽单。

(3)禁止损害公司及同业、同行合法权益的行为。

1.(单选题)下列行为中,属于房地产经纪机构正当竞争的是(　　)

A. 按明显低于同行业的收费标准收费
B. 传播对同行信誉产生不良影响的虚假信息
C. 向行业主管部门举报其他房地产经纪机构的违法行为
D. 故意在委托人与其他房地产经纪机构之间设置障碍

【答案】C

【解析】不正当竞争的行为有：①故意诋毁、诽谤其他房地产经纪机构和人员的信誉、声誉，散布、传播关于同行的错误信息；②无正当理由，以低于成本价或在同行业收费水平以下收费为条件吸引客户，或采用商业贿赂的方式争揽业务；③房地产经纪人员与所受聘的房地产经纪机构解除劳动关系后，诱劝原受聘房地产经纪机构的客户，以取得业务；④故意在委托人与其他房地产经纪和人员之间设置障碍，故意破坏同行促成的交易，制造纠纷和麻烦，进行揽单。C选项属于正当竞争行为。
【出处】《房地产经纪职业导论》（第四版）P233

核心知识点7：处理与社会关系的行为规范

（1）禁止误导社会公众、扰乱市场秩序：
① 房地产经纪机构和从业人员不得捏造散布涨价信息，或者与房地产开发经营单位串通捂盘惜售、炒卖房号，操纵市场价格；
② 房地产经纪机构公开发布房地产市场报告，应当真实、客观、翔实，不得误导社会公众；
③ 房地产经纪从业人员应当珍视和维护房地产经纪从业人员职业声誉，在网络、电视、报纸等媒体上发表的专业观点，应当表明房地产经纪专业人员的身份。

（2）配合监督检查：
房地产经纪机构及从业人员接受司法机关、行政主管部门及相关部门监督检查时，被检查的房地产经纪机构和房地产经纪从业人员应当予以配合，并根据要求提供检查所需的资料。

（3）承担社会责任：
房地产经纪机构及从业人员应充分认识到自己是社会的一员，作为公民，理应承担自己的社会责任。

1.（单选题）房地产经纪机构及人员在处理与社会关系时，正确的做法是（　　）。
　　A. 公开发布真实房地产市场报告　　B. 与经营单位操纵市场价格
　　C. 联合开发企业炒卖房号　　D. 捂盘惜售
【答案】A
【解析】房地产经纪机构和从业人员不得捏造散布涨价信息，或者与房地产开发经营单位串通捂盘惜售、炒卖房号，操纵市场价格；房地产经纪机构公开发布房地产市场报告，应当真实、客观、翔实，不得误导社会公众。
【出处】《房地产经纪职业导论》（第四版）P234

【真题实测】

一、单选题（每题的备选答案中只有1个最符合题意）

1. 房地产经纪人李某在看到某小区一条明确"免中介"的房屋求购信息后，仍拨打求购人联系电话推荐房源，李某的行为不符合（　　）。

A. 房地产经纪服务收费规范 B. 房地产经纪业务办理规范
C. 房地产经纪业务承接规范 D. 房地产经纪业务招揽规范

2. 不偏袒交易双方的任何一方，是房地产经纪执业基本原则中（　　）原则的要求。
A. 诚信 B. 公平
C. 平等 D. 自愿

3. 在签订房地产经纪服务合同过程中，错误的做法是（　　）。
A. 房地产经纪人员隐瞒身份充当交易方
B. 在签订合同前，房地产经纪机构将各种交易风险如实告知委托人
C. 房地产经纪机构对已经查看的房地产权属证书复印留存
D. 委托人提供的资料与实际不符的，房地产经纪机构可以拒绝接受委托

4. 房地产经纪机构对合作完成的房地产经纪业务，需承担（　　）责任。
A. 连带 B. 侵权
C. 违约 D. 无限

5. 如果委托人要求房地产经纪人员帮助其订立"阴阳合同"，房地产经纪人员应当（　　）。
A. 告知委托人合同逃税技巧
B. 无条件按照委托人的要求行事
C. 拒绝执行并说明法律风险
D. 提高佣金并帮助签约

6. 下列房地产经纪服务情形中，属于委托人有权拒付佣金的是（　　）。
A. 房地产经纪机构未做产权调查，导致房屋交易失败
B. 委托人对代办不动产登记服务不满意
C. 买卖双方签约后协商解除合同
D. 房地产经纪机构代办贷款不成功

7. 房地产经纪机构承接不能胜任的业务，违背了房地产经纪执业的（　　）原则。
A. 自愿 B. 公平
C. 平等 D. 诚信

8. 下列房地产经纪机构发布房地产广告的做法中，属于正确的是（　　）。
A. 说明房屋建筑面积 B. 表述项目到交通枢纽所需时间
C. 承诺投资回报 D. 承诺办理升学事项

9. 两家或者两家以上房地产经纪机构就同一笔房地产交易合同完成经纪业务的，服务费用应当（　　）。
A. 按照一宗经纪业务收取佣金，可以适当增加收费
B. 按照两宗经纪业务收取佣金，不得另外增加收费
C. 按照两宗经纪业务收取佣金，可以适当增加收费
D. 按照一宗经纪业务收取佣金，不得另外增加收费

二、多选题（每题的备选答案中有2个或2个以上符合题意）

10. 房地产经纪执业的合法原则主要体现在（　　）。
A. 房地产经纪执业行为必须合法

B. 房地产经纪促成交易的房地产必须合法

C. 从事房地产经纪活动的机构资质必须合法

D. 从事房地产经纪活动的人员资格必须合法

E. 国家保护房地产经纪活动当事人的合法权益

11. 下列符合房地产经纪机构保存文件资料的做法中，属于符合规范要求的有（　　）。

  A. 妥善保管经纪服务合同　　　　B. 妥善保管该宗业务记录

  C. 不保留任何资料，以防信息泄露　　D. 妥善保管委托人提供的资料

  E. 妥善保管交易合同

12. 房地产经纪执业的平等原则主要体现在（　　）。

  A. 房地产经纪机构在每宗经纪业务中的佣金分成比率一律平等

  B. 房地产经纪机构之间应当公平竞争

  C. 房地产交易当事人合法

  D. 房地产经纪活动当事人的权利义务对等

  E. 房地产经纪活动当事人的法律地位平等

13. 房地产经纪机构可以为购房客户提供的经纪服务有（　　）。

  A. 带领客户实地看房　　　　　B. 搜寻、匹配交易房源

  C. 代拟房屋买卖合同　　　　　D. 出具房地产估价报告

  E. 提供房地产市场信息

【真题实测答案解析】

1. 【答案】D

【解析】房地产经纪业务招揽规范中，不得向已经公开要求"免中介"或已由其他经纪机构独家代理其房地产交易的对象招揽房地产经纪业务。

【出处】《房地产经纪职业导论》（第四版）P218

2. 【答案】B

【解析】公平原则中，房地产经纪机构及人员在从事中介服务时，应当严格遵守相关法律法规和房地产经纪执业规范的有关规定以及房地产经纪服务合同的约定，以正义、公平、正直的观念指导自己的行为，不偏向交易双方的任何一方，用公正的心态平衡当事人各方的利益，处理交易当事人之间的关系。

【出处】《房地产经纪职业导论》（第四版）P216

3. 【答案】A

【解析】房地产经纪机构和房地产经纪人员在不提供经纪服务的交易中，可以充当交易方，但应当向交易相对人明示自己的身份。

【出处】《房地产经纪职业导论》（第四版）P220

4. 【答案】A

【解析】房地产经纪机构对合作完成的经纪业务承担连带责任。

【出处】《房地产经纪职业导论》（第四版）P233

5. 【答案】C

【解析】房地产经纪机构和房地产经纪从业人员不得迎合委托人，为规避房屋交易税

费等非法目的，协助当事人就同一房屋签订不同交易价款的"阴阳合同"。相关法律责任，由县级以上地方人民政府建设（房地产）主管部门责令限期改正，记入信用档案；对房地产经纪人员处以1万元罚款；对房地产经纪机构，取消网上签约资格，处以3万元罚款。

【出处】《房地产经纪职业导论》（第四版）P228～229

6. 【答案】A

【解析】房地产经纪机构未完成房地产经纪服务合同约定的事项，或者服务未达到房地产经纪服务个人约定的标准的，不得收取佣金。代办贷款属于延伸服务，收取的是服务费。

【出处】《房地产经纪职业导论》（第四版）P229～230

7. 【答案】D

【解析】房地产经纪执业原则有合法、自愿、公平、平等、诚信。诚信原则有两方面的内容：① 房地产经纪机构及从业人员要诚实，不得弄虚作假，不欺诈，不进行不正当竞争。房地产经纪机构及从业人员发布房源、客源信息要真实准确，不得夸大其词，不弄虚作假；房地产经纪机构承接业务要量力而行，不得承接、承办自己不能胜任的业务等。② 房地产经纪机构及从业人员应信守承诺，严格按法律规定和合同约定履行义务，不得擅自违约或毁约。

【出处】《房地产经纪职业导论》（第四版）P217

8. 【答案】A

【解析】房地产广告不得含有下列内容：① 升值或者投资回报的承诺；② 以项目到达某一具体参照物的所需时间表示项目位置；③ 违反国家有关价格管理的规定；④ 对规划或者建设中的交通、商业、文化教育设施以及其他市政条件作误导宣传；⑤ 不得含有风水、占卜等封建迷信内容，对项目情况进行的说明、渲染，不得有悖社会良好风尚；⑥ 不得利用其他项目的形象、环境作为本项目的效果；⑦ 不得含有广告主能够为入住者办理户口、就业、升学等事项的承诺。

【出处】《房地产经纪职业导论》（第四版）P226～227

9. 【答案】D

【解析】经委托人同意，两个或者两个以上房地产经纪机构就同一房地产经纪业务开展合作的，只能按一宗业务收费，不得向委托人增加收费。合作完成机构应当根据合同约定分配佣金。

【出处】《房地产经纪职业导论》（第四版）P229～230

10. 【答案】ABCD

【解析】合法原则：① 房地产经纪机构和经纪人员合法；② 房地产交易当事人合法；③ 交易房地产合法；④ 房地产经纪行为合法。

【出处】《房地产经纪职业导论》（第四版）P213～214

11. 【答案】ABDE

【解析】房地产经纪机构应当妥善保管房地产经纪服务合同、房屋买卖合同或房屋租赁合同、委托人提供的资料、业务记录、业务交接单据、原始凭证等与房地产纪业务有关的资料、文件和物品，严禁伪造、涂改交易文件和凭证。房地产经纪服务合同的保存期不少于 5 年。

【出处】《房地产经纪职业导论》(第四版) P231～232

12.【答案】DE

【解析】房地产经纪执业的平等原则主要体现在房地产经纪活动当事人的法律地位平等和房地产经纪活动当事人的权利义务对等。

【出处】《房地产经纪职业导论》(第四版) P215～216

13.【答案】ABCE

【解析】房屋承购经纪服务的服务内容有：提供与意向购买房屋相关的法律法规、政策、市场行情资讯，购房资格核验，搜集、提供房源信息；带领委托人实地看房；代拟房地产买卖合同，协助洽谈合同内容及签订合同。

【出处】《房地产经纪职业导论》(第四版) P221

【章节测试】

一、单选题（每题的备选答案中只有 1 个最符合题意）

1. 房地产经纪执业规范适用的对象是（　　）。
   A. 房地产经纪机构和房地产经纪人员
   B. 房地产经纪机构和房地产经纪行业组织
   C. 房地产经纪行业组织和主管部门
   D. 房地产经纪机构和主管部门

2. 房地产经纪机构和人员以不正当手段招揽业务，需承担的法律责任是（　　）。
   A. 对房地产经纪人员处以 1 万元罚款，并吊销房地产经纪人资格
   B. 对房地产经纪机构取消网上签约资格，不予以罚款
   C. 责令限期改正，不记入信用档案
   D. 对房地产经纪人员处以 1 万元罚款，对房地产经纪机构处以 3 万元罚款

3. 个人住房贷款代办服务的完成标准是（　　）。
   A. 制定好贷款方案　　　　　　B. 协助选择好银行
   C. 协助好准备贷款申请材料　　D. 贷款申请资料递交成功

4. 房地产经纪机构在承接房地产经纪业务时，未向交易当事人书面告知规定事项的，罚款（　　）。
   A. 1 万元罚款　　　　　　　　B. 3 万元罚款
   C. 1 万～3 万元罚款　　　　　D. 记入信用档案，不予以罚款

5. 房地产经纪机构转让受托的经纪业务，需要经过（　　）同意。
   A. 委托人　　　　　　　　　　B. 主管部门
   C. 行业组织　　　　　　　　　D. 该业务经纪人

6. 房地产经纪人员为了业绩，迎合委托人的非法要求，协助当事人就同一房屋签订不同交易价款的"阴阳合同"，这种行为应对经纪人员处以（　　）罚款。
   A. 1 万元　　　　　　　　　　B. 2 万元
   C. 3 万元　　　　　　　　　　D. 5 万元

7. 下列关于资料签署和保存规范的说法，错误的是（　　）。

A. 房地产经纪服务合同应注明房地产经纪专业人员的登记号
B. 房地产经纪服务合同的保存期根据合同金额的大小来定
C. 执行业务的房地产经纪人员应当全程记录业务执行情况
D. 房地产经纪机构应妥善保管业务记录等业务有关资料

8. 下列选项中，不属于房地产经纪执业规范作用的是（　　）。
A. 规范执业行为，提高服务水平
B. 和谐同行关系，优化行业环境
C. 推行房地产经纪行业自律管理
D. 促进行业自律，助力行业健康持续发展

9. 房地产经纪机构和人员不得弄虚作假，不欺诈，不进行不正当竞争，体现房地产经纪执业原则的（　　）。
A. 公平原则　　　　　　　　　B. 平等原则
C. 合法原则　　　　　　　　　D. 诚信原则

10. 下列关于房地产经纪服务合同签订的说法，错误的是（　　）。
A. 签订合同时，无需出示经纪机构的备案证明
B. 优先选用房地产经纪服务合同示范文本
C. 安排房地产经纪专业人员为承办人
D. 出示和查看有关证明文件

11. 房地产经纪服务合同未由一名房地产经纪人或两名房地产经纪人协理签名的，房地产经纪机构应被处以（　　）。
A. 1万元罚款　　　　　　　　B. 1万~3万元罚款
C. 3万元罚款　　　　　　　　D. 取消网上签约资格

12. 房地产经纪机构之间可以合作完成一项房地产经纪业务，但需要（　　）书面同意。
A. 机构店长　　　　　　　　　B. 主管部门
C. 机构法人　　　　　　　　　D. 委托人

二、多选题（每题的备选答案中有2个或2个以上符合题意）

13. 房地产经纪人员在办理业务时应（　　）。
A. 及时、如实地向经纪机构报告业务进展情况
B. 执行居间业务时，公平正直，不偏袒一方
C. 如实向委托人报告市场行情变化
D. 帮助委托人避税，协助签订"阴阳合同"
E. 客户的房地产交易资金用于提前支付佣金

14. 房地产执业规范是调整（　　）之间关系的道德标准和行为规范总和。
A. 房地产经纪机构、房地产经纪人员与客户
B. 房地产经纪机构、房地产经纪人员与政府
C. 房地产经纪机构、房地产经纪人员与社会
D. 房地产经纪人员与小区物业服务企业之间
E. 房地产经纪机构同行之间

15. 依据《反不正当竞争法》，下列（　　　）属于不正当竞争。
    A. 房地产经纪机构和人员与签订独家代理的经纪机构联系
    B. 诋毁其他房地产经纪机构和人员的信誉
    C. 以低于成本价为条件吸引客户
    D. 诱劝其他经纪机构的客户
    E. 故意设置障碍，破坏同行的交易

【章节测试答案】

1.【答案】A
【解析】房地产经纪执业规范适用的对象是房地产经纪机构和房地产经纪人员。
【出处】《房地产经纪职业导论》（第四版）P209

2.【答案】D
【解析】相关法律责任：以隐瞒、欺诈、胁迫、贿赂等不正当手段招揽业务，诱骗消费者交易或者强制交易的，由县级以上地方人民政府建设（房地产）主管部门责令限期改正，记入信用档案；对房地产经纪人员处以1万元罚款；对房地产经纪机构，取消网上签约资格，处以3万元罚款。
【出处】《房地产经纪职业导论》（第四版）P218

3.【答案】D
【解析】贷款代办服务的服务内容有：制定贷款方案，协助选择最合适的银行；协助准备贷款申请材料，并递交材料。完成标准是完整、规范的贷款申请材料递交成功。
【出处】《房地产经纪职业导论》（第四版）P222

4.【答案】C
【解析】承接房地产经纪业务，房地产经纪机构在签订房地产经纪服务合同前，不向当事人说明和书面告知规定事项的，由县级以上地方人民政府建设（房地产）主管部门责令限期改正，记入信用档案；对房地产经纪人员处以1万元罚款；对房地产经纪机构处以1万元以上3万元以下罚款。
【出处】《房地产经纪职业导论》（第四版）P223

5.【答案】A
【解析】房地产经纪机构不得擅自转让或者变相转让受托的经纪业务，但是经委托人同意，房地产经纪机构可以按相关规定转让经纪业务，转让经纪业务不得增加合同约定好的佣金。
【出处】《房地产经纪职业导论》（第四版）P224

6.【答案】A
【解析】为交易当事人规避房屋交易税费等非法目的，就同一房屋签订不同交易价款的合同提供便利的，由县级以上地方人民政府建设房地产主管部门责令限期改正，记入信用档案；对经纪人员处以1万元罚款；对经纪机构，取消网签资格，处以3万元罚款。
【出处】《房地产经纪职业导论》（第四版）P229

7.【答案】B
【解析】房地产经纪服务合同的保存期不少于5年。

【出处】《房地产经纪职业导论》(第四版) P232

8.【答案】C

【解析】房地产经纪职业规范的具体作用主要表现在：① 规范执业行为，提高服务水平；② 和谐同行关系，优化行业环境；③ 促进行业自律，助力行业健康持续发展。

【出处】《房地产经纪职业导论》(第四版) P210～211

9.【答案】D

【解析】诚信原则主要体现在两个方面，一是房地产经纪机构及从业人员要诚实，不弄虚作假，不欺诈，不进行不正当竞争；二是房地产经纪机构及从业人员应信守诺言，严格按法律规定和合同约定履行义务，不得擅自违约或毁约。

【出处】《房地产经纪职业导论》(第四版) P217

10.【答案】A

【解析】房地产经纪服务合同签订：① 选用房地产经纪服务合同示范文本；② 出示和查看有关证明文件；③ 安排房地产经纪专业人员为承办人。

【出处】《房地产经纪职业导论》(第四版) P223

11.【答案】B

【解析】房地产经纪服务合同未由从事该业务的一名房地产经纪人或者两名房地产经纪人协理签名的，由县级以上地方人民政府建设（房地产）主管部门责令限期改正，记入房地产经纪信用档案；对房地产经纪机构处以1万元以上3万元以下罚款。

【出处】《房地产经纪职业导论》(第四版) P224

12.【答案】D

【解析】房地产经纪机构之间，有时共同承接某些业务，发生业务上的合作关系是不可避免的，经委托人书面同意，房地产经纪机构之间可以合作完成一项房地产经纪业务。

【出处】《房地产经纪职业导论》(第四版) P224

13.【答案】ABC

【解析】房地产经纪机构和房地产经纪人员不得迎合委托人，为规避房屋交易税费等非法目的，协助当事人就同一房屋签订不同交易价款的"阴阳合同"。房地产经纪机构、房地产经纪从业人员应当严格遵守房地产交易资金监管规定，保障房地产交易资金安全，不得挪用、占用或者拖延支付客户的房地产交易资金。

【出处】《房地产经纪职业导论》(第四版) P228～229

14.【答案】ACE

【解析】房地产经纪执业规范的概念可准确表述为：由房地产经纪行业制定或认可的，调整房地产经纪活动相关当事人之间关系的道德准则和行为规范总和。房地产经纪执业规范主要调整三类关系，一是房地产经纪执业主体（包括房地产经纪机构和房地产经纪从业人员）与房地产交易当事人（包括交易双方及其他当事人）之间的关系，即客户关系；二是房地产经纪执业主体与社会大众之间的关系，即社会关系；三是房地产经纪执业主体之间的关系，即同行或者同业关系。

【出处】《房地产经纪职业导论》(第四版) P209

15.【答案】BCDE

【解析】不正当竞争行为包括：① 故意诋毁、诽谤其他房地产经纪机构和从业人员信誉、声誉；② 无正当理由，以低于成本价或在同行业收费水平以下收费为条件吸引客户；③ 房地产经纪从业人员离职后，诱劝原受聘房地产经纪机构的客户；④ 故意设置障碍，破坏同行促成的交易。

【出处】《房地产经纪职业导论》（第四版）P233~234

第九章 房地产经纪行业管理

【章节导引】

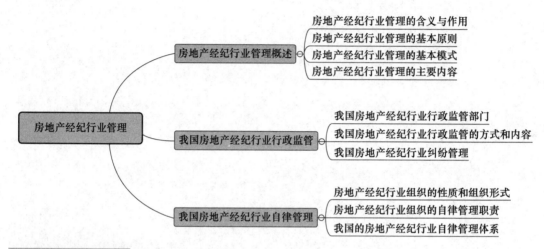

【章节核心知识点】

核心知识点 1：房地产经纪行业管理的基本原则

（1）科学定位行业，规范发展并重。
（2）遵循行业规律，实施专业管理。
（3）行业立法先行，严格依法管理。
目前我国房地产经纪行业管理可依据或者能参照的法律法规主要有：
① 法律：由全国人民代表大会或常务委员会制定，如《民法典》《城市房地产管理法》等。
② 行政法规：由国务院颁布，如《城市房地产开发经营条例》。
③ 部门规章：由国务院部门制定，如《房地产经纪管理办法》《房地产广告发布规定》等。
④ 地方性法规和地方性规章：各省市、自治区人大及其常委会、地方政府在不与宪法、法律、行政法规相抵触的前提下结合当地实际制定了一些规范房地产经纪行为的地方性法规和规章，如《天津市房地产交易管理条例》《深圳市房地产市场监管办法》等。
⑤ 政府主管部门出台的规范性文件。
（4）健全行业组织，加强行业自律。
（5）顺应市场机制，维护有序竞争。

1.（单选题）《房地产经纪管理办法》属于（　　）。
    A. 法律　　　　　　　　　　B. 行政法规
    C. 部门规章　　　　　　　　D. 政府出台的规范性文件
【答案】C
【解析】部门规章：由国务院部门制定，如《房地产经纪管理办法》《房地产广告发布规定》等。
【出处】《房地产经纪职业导论》（第四版）P238

核心知识点 2：房地产经纪行业管理的基本模式

管理模式是由管理主体、管理手段和机制所组成的动态系统，不同管理模式之间在系统组成要素（如管理主体、管理手段）、系统结构、运作流程上存在着差异。房地产经纪行业管理主要有以下三种模式：

（1）行政监管模式：

在这种模式下，政府行政主管部门承担了房地产经纪行业管理的绝大部分职能，管理手段以行政监管手段为主，这种模式下的房地产经纪行业组织管理职能相对薄弱，一般只在教育培训、合作交流、优秀评选等方面发挥作用。目前我国内地和香港地区主要采取这种模式，但香港地区在法律手段的运用上比内地更成熟一些。

（2）行业自律模式：

这种模式中房地产经纪的直接管理主体是房地产经纪行业组织。目前我国台湾地区就是采取这种模式。

（3）行政监管与行业自律结合模式：

在这种模式中，政府行政主管部门和房地产经纪行业组织都是强有力的管理主体，但两者管理职能有所分工。美国房地产经纪业的行业管理就是这种模式。

1.（单选题）政府行政主管部门和房地产经纪行业组织都是强有力的管理主体，采取这种行业管理模式的是（　　）。
    A. 中国内地　　　　　　　　B. 中国香港
    C. 中国台湾　　　　　　　　D. 美国
【答案】D
【解析】行业监管与行业自律结合模式：在这种模式中，政府行政主管部门和房地产经纪行业组织都是强有力的管理主体。美国房地产经纪业的行业管理就是这种模式。
【出处】《房地产经纪职业导论》（第四版）P241

核心知识点 3：房地产经纪行业管理的主要内容

（1）房地产经纪行业的专业性管理：
①对房地产经纪机构和经纪人员实行资质、资格管理；
②对房地产经纪人员的职业风险进行管理；

③ 对房地产经纪活动实行属地管理。
（2）房地产经纪行业的规范性管理：
① 房地产经纪执业行为规范；
② 房地产经纪服务收费规范。
（3）房地产经纪行业的公平性管理：
① 行业竞争与合作的管理；
② 房地产经纪信用管理；
③ 房地产经纪纠纷管理。

1.（单选题）对房地产经纪活动实行属地管理属于房地产经纪行业的（　　）管理。
  A. 规范性   B. 专业性
  C. 公平性   D. 唯一性

【答案】B
【解析】房地产经纪行业的专业性管理包括：① 对房地产经纪活动主体实行专业资质、资格管理；② 对房地产经纪人员的职业风险进行管理；③ 对房地产经纪活动实行属地管理。
【出处】《房地产经纪职业导论》（第四版）P243

核心知识点 4：我国房地产经纪行业行政监管部门

  住房城乡建设（房地产）管理部门：承担规范房地产市场秩序、监督管理房地产市场的重要职能。
  市场监督管理部门：负责房地产经纪机构的登记注册和监督管理，承担依法查处取缔无证无照经营的责任。依法查处房地产经纪行业的不正当竞争、商业贿赂等经济违法行为。
  国家发展和改革委员会：主要负责拟订并组织实施价格政策，监督检查价格政策的执行；负责组织制定和调整少数由国家管理的重要商品价格和重要收费标准。
  人力资源和社会保障部门：负责参与人才管理工作，制定专业技术人员管理和继续教育政策，统筹拟订劳动、人事争议调解仲裁制度和劳动关系政策，完善劳动关系协调机制，组织实施劳动监察，协调劳动者维权工作，依法查处重大案件。据此，人力资源和社会保障主管部门承担完善职业资格制度，拟订专业技术人员管理和继续教育政策、社会保障体系建设等职能。

1.（单选题）负责房地产经纪服务收费管理的部门是（　　）。
  A. 人力资源和社会保障主管部门   B. 建设（房地产）主管部门
  C. 工商行政管理部门   D. 国家发展和改革委员会

【答案】D
【解析】国家发展和改革委员会主要负责拟订并组织实施价格政策，监督检查价格政策的执行；负责组织制定和调整少数由国家管理的重要商品价格和重要收费标准。据此，价格主管部门承担拟定并组织实施价格政策，监督价格政策执行的重要职能。负责制定房地产经纪相关的价格政策，监督检查价格政策的执行。

【出处】《房地产经纪职业导论》（第四版）P245

核心知识点 5：我国房地产经纪行业行政监管的方式和内容

（1）我国房地产经纪行业监管方式

目前我国房地产经纪行业监管的方式主要有现场巡查、合同抽查、投诉受理等。

现场巡查是对房地产经纪机构的经营场所和日常经营活动进行的日常监督检查，是对房地产经纪活动进行全面监督管理最常用的方式。检查的重点主要是房地产经纪机构日常经营活动的规范性。

合同抽查是抽查房地产经纪机构和房地产经纪从业人员从事房地产经纪活动所签订的各类合同，是对房地产经纪服务行为进行检查的重要方式。具体检查方式有：① 有针对性检查；② 随机抽查。

投诉受理是主管部门发现房地产经纪违法违规行为的有效途径，也是房地产交易当事人解决房地产经纪活动引发纠纷的常见方式。

（2）我国房地产经纪行业监管内容

① 事前管理：

事前管理是房地产经纪活动发生之前的管理，主要包括房地产经纪专业人员职业资格制度和房地产经纪机构的登记备案制度。

② 事中管理：

事中管理是对房地产经纪活动过程的监督管理，是房地产经纪行业管理的核心，主要包括现场检查、合同管理（网上签约和合同备案）、资信评价、信用档案信息公示、收费管理和交易资金监管等。

③ 事后管理：

事后管理主要是业务纠纷调处、投诉处理和对违法违规行为的处罚。房地产经纪行业行政主管部门或者房地产经纪行业组织针对房地产经纪纠纷和投诉，进行调查、调解和处理。

1. （多选题）下列房地产经纪行业行政管理内容中，不属于事后管理的有（   ）。
   A. 房地产经纪专业人员职业资格管理
   B. 业务纠纷调处
   C. 投诉处理
   D. 合同管理
   E. 现场检查

【答案】ADE

【解析】事后管理主要是业务纠纷调处、投诉处理和对违法违规行为的处罚。

【出处】《房地产经纪职业导论》（第四版）P250

【真题实测】

一、单选题（每题的备选答案中只有 1 个最符合题意）

1. 房地产经纪行业组织的职责不包括（　　）。
   A. 开展房地产经纪业务 　　B. 维护房地产经纪人的合法权益
   C. 组织房地产经纪行业研讨、交流 　D. 调节房地产经纪人员之间的业务纠纷

2. 房地产经纪行业自律管理的重要手段是制定和推行（　　）。
   A. 法律 　　　　　　　　B. 部门规章
   C. 规范性文件 　　　　　D. 执业规范和规则

3. 房地产经纪行业管理的行业自律模式中，管理的主体是（　　）
   A. 房地产交易管理部门 　B. 房地产经纪主管部门
   C. 房地产经纪行业组织 　D. 建设（房地产）主管部门

4. 负责依法查处取缔房地产经纪机构无照经营行为的部门是（　　）。
   A. 城管部门 　　　　　　B. 市场监督管理部门
   C. 住房和城乡建设部门 　D. 价格管理部门

5. 房地产经纪行业组织行使管理职责的依据是房地产经纪执业规范和（　　）。
   A. 执业纪律 　　　　　　B. 职业道德
   C. 行业组织章程 　　　　D. 执业技术标准

6. 房地产经纪行业行政监督管理模式的直接管理主体是（　　）。
   A. 司法机关 　　　　　　B. 大型房地产经纪机构
   C. 建设（房地产）主管部门 D. 房地产经纪行业组织

7. 有权取消房地产经纪机构网上签约资格的部门是（　　）。
   A. 工商行政管理部门 　　B. 税务部门
   C. 建设（房地产）主管部门 D. 价格主管部门

8. 房地产经纪行业自律管理体系的内容不包括（　　）。
   A. 开展房地产经纪行业诚信建设 B. 确立房地产经纪执业规则
   C. 发布房地产交易风险提示 　　D. 对违法违规行为进行行政处罚

二、多选题（每题的备选答案中有 2 个或 2 个以上符合题意）

9. 我国房地产经纪行业监管方式主要包括（　　）。
   A. 现场巡查 　　　　　　B. 合同抽查
   C. 投诉受理 　　　　　　D. 网上签约
   E. 房屋登记

10. 当前，房地产经纪行业主管部门为减少房地产经纪纠纷所采取的主要措施有（　　）。
    A. 制定并推广使用合同示范文本
    B. 成立房地产经纪纠纷仲裁委员会
    C. 加强对房地产经纪服务收费管理
    D. 聘请律师指导房地产经纪机构开展经纪业务
    E. 制定房地产经纪服务标准，明确服务要求和内容

【真题实测答案解析】

1. 【答案】A

【解析】房地产经纪行业组织的职责是：① 保障房地产经纪会员依法执业，维护会员合法权益；② 组织开展房地产经纪理论、方法及其应用的研究、讨论、交流和考察；③ 拟订并推行房地产经纪执业规范；④ 协助行政主管部门组织实施房地产经纪专业人员职业资格考试；⑤ 接受政府部门委托办理房地产经纪人员职业资格登记；⑥ 开展房地产经纪业务培训，对房地产经纪专业人员进行继续教育，推动知识更新；⑦ 建立房地产经纪专业人员和房地产经纪机构信用档案，开展房地产经纪资信评价；⑧ 进行房地产经纪专业人员职业道德和执业纪律教育、监督和检查；⑨ 调节房地产经纪专业人员之间在执业活动中发生的纠纷；⑩ 按照章程规定对房地产经纪专业人员给予奖励或者处分，提供房地产经纪咨询和技术服务；⑪ 编辑出版房地产经纪刊物、著作，建立有关网站，开展行业宣传；⑫ 代表本行业开展对外交往、交流活动，参加相关国际组织；⑬ 向政府有关部门反映会员的意见、建议和要求，维护会员的合法权益，支持会员依法执业；⑭ 办理法律、法规规定和行政主管部门委托或授权的其他有关工作。

【出处】《房地产经纪职业导论》（第四版）P258

2. 【答案】D

【解析】制定和推行自律性的执业规范或者执业规则是房地产经纪行业组织实施行业管理的重要手段。

【出处】《房地产经纪职业导论》（第四版）P258

3. 【答案】C

【解析】行业自律模式中房地产经纪的直接管理主体是房地产经纪行业组织。

【出处】《房地产经纪职业导论》（第四版）P241

4. 【答案】B

【解析】市场监督管理部门负责房地产经纪机构的登记注册和监督管理，承担依法查处取缔无证无照经营的责任。

【出处】《房地产经纪职业导论》（第四版）P245

5. 【答案】C

【解析】房地产经纪行业组织行使自律管理职责的依据有两个，一个是章程，另外一个是房地产经纪执业规范。

【出处】《房地产经纪职业导论》（第四版）P258

6. 【答案】C

【解析】行政监管模式，政府行政主管部门承担了房地产经纪行业管理的绝大部分职能，管理手段以行政监管手段为主。

【出处】《房地产经纪职业导论》（第四版）P240

7. 【答案】C

【解析】建设（房地产）主管部门对房地产经纪机构及人员实施事后管理主要的手段包括：限期改正、记入信用档案、取消网上签约资格、罚款、没收违法所得、停业整顿等。

【出处】《房地产经纪职业导论》(第四版)P250

8.【答案】D

【解析】房地产经纪行业自律管理框架体系，包括：① 承担房地产经纪专业人员职业资格考试、登记、继续教育；② 确立房地产经纪执业规则；③ 推广房地产经纪业务合同推荐文本；④ 发布房地产交易风险提示；⑤ 逐步建立房地产经纪学科理论体系；⑥ 建立并公示登记房地产经纪专业人员和房地产经纪机构信用档案；⑦ 开展房地产经纪资信评价活动；⑧ 通报房地产经纪违法违规案件；⑨ 发起房地产经纪行业诚信经营倡议活动。

【出处】《房地产经纪职业导论》(第四版)P260~262

9.【答案】ABC

【解析】目前我国房地产经纪行业监管的方式主要有现场巡查、合同抽查、投诉处理等。

【出处】《房地产经纪职业导论》(第四版)P246

10.【答案】ACE

【解析】防范规避经纪纠纷的措施主要有：① 制定推行示范合同文本；② 制定服务流程和服务标准，明确服务要求和内容；③ 加强房地产经纪服务收费管理；④ 加强房地产经纪行业信用管理；⑤ 加大行业管理的行政处罚力度；⑥ 增强房地产经纪人员的守法意识；⑦ 定期组织培训和考核，提高经纪机构和人员业务素质。

【出处】《房地产经纪职业导论》(第四版)P255~256

【章节测试】

一、单选题（每题的备选答案中只有1个最符合题意）

1. 承担规范房地产市场秩序、监督管理房地产市场的部门是（　　）。

    A. 中国房地产估价师与房地产经纪人学会

    B. 人力资源和社会保障部

    C. 国家发展和改革委员会

    D. 建设（房地产）管理部门

2. 房地产交易当事人解决房地产经纪活动引发纠纷的常见方式是（　　）。

    A. 现场巡查　　　　　　　　B. 投诉处理

    C. 随机调查　　　　　　　　D. 合同抽查

3. 我国房地产经纪行业全国性自律组织是（　　）。

    A. 中国房地产业协会

    B. 中国物业管理协会

    C. 中国房地产研究会

    D. 中国房地产估价师与房地产经纪人学会

4. 制定和推行自律性的执业规范是房地产经纪行业组织实施行业管理的（　　）。

    A. 基本手段　　　　　　　　B. 常用手段

    C. 重要手段　　　　　　　　D. 一般手段

5. 房地产经纪专业人员职业资格是以（　　）为核心。

    A. 资格登记管理制度　　　　B. 行业评比管理制度

C. 经纪行业管理制度　　　　　D. 行业监督管理制度

6. 房地产经纪行业实行的是（　　）。
   A. 自律管理　　　　　　　　B. 专业管理
   C. 行政管理　　　　　　　　D. 市场管理

7. 房地产经纪行业管理的重要内容是（　　）。
   A. 有效规避房地产经纪纠纷
   B. 加强对房地产经人员的监督管理
   C. 指定服务标准，明确服务要求和内容
   D. 提高房地产经纪人员的职业道德

二、多选题（每题的备选答案中有 2 个或 2 个以上符合题意）

8. 房地产经纪行业管理行政监管模式主要用于（　　）。
   A. 美国　　　　　　　　　　B. 中国台湾
   C. 中国内地　　　　　　　　D. 中国香港
   E. 中国澳门

9. 关于房地产经纪行业学（协）会的说法，正确的有（　　）。
   A. 房地产经纪行业学（协）会是由政府部门发起的
   B. 房地产经纪行业学（协）会有行政处罚的权利
   C. 与地方的房地产管理部门之间是上下级的关系
   D. 制定自律性的行业规则
   E. 单位性质是社团法人

10. 房地产经纪行业自律管理框架体系包括（　　）。
    A. 参与房地产经纪机构开展经纪业务　B. 确立房地产经纪执业规则
    C. 推广房地产经纪业务合同文本　　　D. 通报房地产经纪违法违规案件
    E. 开展房地产经纪资信评价活动

11. 下列选项中，属于房地产经纪行业组织的管理职责的是（　　）。
    A. 制定佣金收费标准
    B. 保障经纪会员依法执业
    C. 推行房地产经纪执业规范
    D. 代表房地产经纪行业开展对外交流
    E. 对违规的房地产企业进行行政处罚

【章节测试答案】

1.【答案】D

【解析】住房城乡建设（房地产）管理部门承担规范房地产市场秩序、监督管理房地产市场的重要职能。

【出处】《房地产经纪职业导论》（第四版）P245

2.【答案】B

【解析】目前我国房地产经纪行业监管的方式主要有现场巡查、合同抽查、投诉受理等。投诉受理是主管部门发现房地产经纪违规行为的有效途径，也是房地产交易当事人解决房地产经纪活动引发纠纷的常见方式。

【出处】《房地产经纪职业导论》(第四版) P247

3.【答案】D

【解析】房地产经纪行业组织分为全国性行业组织和地方性行业组织。中国房地产估价师与房地产经纪人学会是目前中国唯一合法的全国性房地产经纪行业组织，地方性行业组织可分为省、自治区、直辖市及设区市设立的房地产经纪行业组织。

【出处】《房地产经纪职业导论》(第四版) P257

4.【答案】C

【解析】制定和推行自律性的执业规范或执业准则是房地产经纪行业组织实施行业管理的重要手段。

【出处】《房地产经纪职业导论》(第四版) P258

5.【答案】A

【解析】在住房和城乡建设部的指导下，中国房地产估价师与房地产经纪人学会以2004年建设部转变房地产经纪人职业资格登记管理方式为契机，经过几年的不懈努力，探索建立了以房地产经纪专业人员职业资格登记管理制度为核心，以诚信建设为基础，以规则制定、制度设计为特征的房地产经纪行业自律管理框架体系。

【出处】《房地产经纪职业导论》(第四版) P260

6.【答案】B

【解析】从我国经纪行业管理实践和国际管理经验来看，对从业人员专业知识要求较高的经纪行业，实施专业化管理是必要的。从境外发达国家和地区的房地产经纪行业情况来看，对房地产经纪机构和房地产经纪人员实施专业化的管理是通行惯例和普遍做法。因此，房地产经纪行业的内在规律决定，应将房地产经纪行业与其他经纪行业分开，对房地产经纪机构、房地产经纪人员实施专业的资质资格管理。

【出处】《房地产经纪职业导论》(第四版) P238

7.【答案】A

【解析】大量的房地产经纪纠纷不仅会降低社会的整体福利，还会影响房地产经纪行业自身的运作效率和发展前景，因此有效规避房地产经纪纠纷是房地产经纪行业管理的重要内容。

【出处】《房地产经纪职业导论》(第四版) P254

8.【答案】CD

【解析】行政监管模式：在这种模式下，政府行政主管部门承担了房地产经纪行业管理的绝大部分职能，管理手段以行政监管手段为主，目前我国内地和香港地区主要采取这种模式，但香港地区在法律手段的运用上比内地更成熟一些。

【出处】《房地产经纪职业导论》(第四版) P240

9.【答案】DE

【解析】房地产经纪行业学(协)会是房地产经纪机构和房地产经纪人员的自律性组织，单位性质是社团法人。房地产经纪行业组织通常由房地产经纪机构和房地产经纪人员发起设立，通过社团登记和制定章程来确定自己的管理职责范围，并以此约束行业内房地产经纪机构和房地产经纪人员的执业行为。制定和推行自律性的执业规范或者执业规则是房地产经纪行业组织实施行业管理的重要手段。

【出处】《房地产经纪职业导论》(第四版) P257

10.【答案】BCDE

【解析】房地产经纪行业自律管理框架体系主要包括以下几个方面：① 承担房地产经纪人员执业资格考试、登记、继续教育；② 确立房地产经纪执业规则；③ 推广房地产经纪业务合同文本；④ 发布房地产交易风险提示；⑤ 逐步建立房地产经纪学科理论体系；⑥ 建立并公示登记房地产经纪专业人员和房地产经纪机构信用档案；⑦ 开展房地产经纪资信评价活动；⑧ 通报房地产经纪违法违规案件；⑨ 发起房地产经纪行业诚信经营倡议活动。

【出处】《房地产经纪职业导论》(第四版) P260~262

11.【答案】BCD

【解析】房地产经纪行业组织的职责是：① 保障房地产经纪会员依法执业，维护会员合法权益；② 组织开展房地产经纪理论、方法及其应用的研究、讨论、交流和考察；③ 拟订并推行房地产经纪执业规范；④ 协助行政主管部门组织实施房地产经纪专业人员职业资格考试；⑤ 接受政府部门委托办理房地产经纪人员职业资格登记；⑥ 开展房地产经纪业务培训，对房地产经纪专业人员进行继续教育，推动知识更新；⑦ 建立房地产经纪专业人员和房地产经纪机构信用档案，开展房地产经纪资信评价；⑧ 进行房地产经纪专业人员职业道德和执业纪律教育、监督和检查；⑨ 调节房地产经纪专业人员之间在执业活动中发生的纠纷；⑩ 按照章程规定对房地产经纪专业人员给予奖励或者处分，提供房地产经纪咨询和技术服务；⑪ 编辑出版房地产经纪刊物、著作，建立有关网站，开展行业宣传；⑫ 代表本行业开展对外交往、交流活动，参加相关国际组织；⑬ 向政府有关部门反映会员的意见、建议和要求，维护会员的合法权益，支持会员依法执业；⑭ 办理法律、法规规定和行政主管部门委托或授权的其他有关工作。

【出处】《房地产经纪职业导论》(第四版) P258

房地产经纪职业导论模拟卷（一）

一、单项选择题（共50题，每题1分。每题的备选答案中只有1个最符合题意）

1. 在房地产经纪活动期间产生的权利和责任由委托人承担的是（　　）。
   A. 中介　　　　　　　　　　B. 代理
   C. 行纪　　　　　　　　　　D. 经销

2. 房地产经纪是一种市场化的（　　）。
   A. 劳务服务　　　　　　　　B. 技术服务
   C. 有偿服务　　　　　　　　D. 无偿服务

3. 报酬形式是佣金＋差价的中介服务活动是（　　）。
   A. 经纪　　　　　　　　　　B. 行纪
   C. 包销　　　　　　　　　　D. 经销

4. 房地产经纪机构提供服务所获得的收入是根据服务结果来最终确定的，体现了房地产经纪（　　）。
   A. 活动主体的专业性　　　　B. 活动后果的社会性
   C. 活动内容的服务性　　　　D. 活动收入的后验性

5. 房地产经纪服务能够减少买卖双方在交易诸多环节上花费大量的时间、精力和资金成本，这体现了房地产经纪的（　　）作用。
   A. 提高市场运行，加快成交速度　　B. 促进交易公平，维护合法权益
   C. 规范交易行为，保障交易安全　　D. 降低交易成本，提高交易效率

6. 将房地产经纪人员分为地产代理和营业员的地区是（　　）。
   A. 中国香港　　　　　　　　B. 中国澳门
   C. 中国台湾　　　　　　　　D. 中国内地

7. 在房地产经纪专业人员职业资格登记有效期内，经纪人姓名发生变更的需要申请（　　）。
   A. 初始登记　　　　　　　　B. 变更登记
   C. 注销登记　　　　　　　　D. 取消登记

8. 房地产经纪服务合同应当加盖房地产经纪机构印章，并由从事该业务的（　　）。
   A. 两名房地产经纪人或一名房地产经纪人协理签名
   B. 一名房地产经纪人或三名房地产经纪人协理签名
   C. 一名房地产经纪人或两名房地产经纪人协理签名
   D. 一名房地产经纪人和两名房地产经纪人协理签名

9. 房地产经纪专业人员不得通过虚假广告、盗取客户信息等行为损害其他房地产经纪专业人员的合法权益，这说明房地产经纪专业人员有（　　）。

A. 不进行不正当竞争的义务
B. 向委托人披露相关信息的义务
C. 依法维护当事人的合法权益的义务
D. 为委托人保守个人隐私及商业秘密的义务

10. 房地产经纪专业人员开展经纪业务的重要资源是（　　）。
    A. 房地产信息　　　　　　　　B. 房地产产品
    C. 商品房售楼处　　　　　　　D. 房地产经纪门店

11. 房地产经纪人员对市场竞争、同行合作等问题的认知和看法属于（　　）。
    A. 执业良心　　　　　　　　　B. 执业理念
    C. 执业层次　　　　　　　　　D. 职业责任感

12. 房地产经纪人张某将"信用是金"当作自己的执业理念，这体现了房地产经纪人职业道德的（　　）。
    A. 遵纪守法　　　　　　　　　B. 规范执业
    C. 诚实守信　　　　　　　　　D. 尽职尽责

13. 长远来看，房地产经纪业务当中比重最高的是（　　）。
    A. 存量房经纪业务　　　　　　B. 新建商品房经纪业务
    C. 住宅经纪业务　　　　　　　D. 商业办公类房地产经纪业务

14. 对卖家委托的房源，应充分了解，不仅要通过已有的文字资料了解，还要到现场进行实地勘察，核实业主身份及房源能否出售，体现了房地产经纪人员的（　　）。
    A. 尽职尽责　　　　　　　　　B. 规范执业
    C. 诚实守信　　　　　　　　　D. 公平竞争

15. 房地产经纪机构的经营模式中，有利于帮助中小房地产经纪机构克服自身困难的是（　　）。
    A. 直营连锁经营模式　　　　　B. 特许加盟经营模式
    C. 多店经营模式　　　　　　　D. 联盟经营模式

16. 房地产经纪机构的（　　），是获得社会认可的重要渠道。
    A. 业务部门　　　　　　　　　B. 基础部门
    C. 业务支持部门　　　　　　　D. 客户服务部门

17. 负责对房地产经纪人代表房地产经纪机构与客户签订的合同进行管理，保障交易安全的部门是（　　）。
    A. 交易管理部　　　　　　　　B. 网络信息部
    C. 研究拓展部　　　　　　　　D. 客户服务部

18. 开展房地产经纪业务的基本法律主体是（　　）。
    A. 房地产经纪机构　　　　　　B. 房地产经纪人员
    C. 交易相对人　　　　　　　　D. 委托人

19. 房地产经纪机构是否开设店铺取决于（　　）。
    A. 面向的客户类型　　　　　　B. 企业经营模式
    C. 企业资金实力　　　　　　　D. 企业规模大小

20. 房地产经纪机构和分支机构办理备案，要具有相应数量的房地产经纪专业人员职业资格登记证书，体现了（　　）。
   A. 房地产经纪专业人员职业资格是合规经营的必要条件
   B. 房地产经纪专业人员职业资格是国家的权威认证
   C. 房地产经纪专业人员职业资格是获得更多机会的法宝
   D. 房地产经纪专业人员职业资格是专业人员的独有标识

21. 对品牌愿景、品牌定位和品牌结构的研究和策划是（　　）的基础部分。
   A. 品牌定位   B. 品牌战略
   C. 品牌内容   D. 品牌规划

22. 下列选项中不属于房地产经纪机构为了"留住老客户"采取的手段是（　　）。
   A. 了解客户的居住和生活偏好，提供有针对性的服务
   B. 出现问题时经纪机构能及时给予解释并尽可能协助解决问题
   C. 通过打折返点，鼓励已购买客户介绍朋友购买
   D. 选择高价值的个人客户，并与其建立长期合作的关系

23. 房地产经纪机构客户关系管理的核心内容是（　　）。
   A. 客户联络中心   B. 客户分析子系统
   C. 客户资料数据库   D. 决策支持子系统

24. 房地产经纪人以欺诈、隐瞒、贿赂等不正当手段招揽业务的，根据《房地产经纪管理办法》房地产主管部门对负责此项业务房地产经纪人的罚则是（　　）。
   A. 处以1万元罚款
   B. 处以3万元罚款
   C. 处以1万元以上3万元以下罚款
   D. 只对经纪机构有处罚，经纪人没有罚则

25. 房地产经纪机构对外承诺标准化的内容不包括（　　）。
   A. 展示标准化文本   B. 规范档案印章管理
   C. 开展门店负责人培训 D. 制定标准的对外承诺文本

26. 房地产经纪机构的扩张战略，可能会遭遇因经营模式和人员"移植"而带来"异体排斥"问题的是（　　）。
   A. 低成本战略   B. 跨专业市场扩张战略
   C. 一体化成长战略   D. 聚焦战略

27. 因房屋查封引发的交易风险属于（　　）。
   A. 产权转移风险   B. 产权瑕疵风险
   C. 承诺不当风险   D. 房地产经纪人员道德风险

28. 门店可辐射性市场的核心区域是以门店为中心，半径在（　　）。
   A. 300m以内   B. 500m以内
   C. 1000m以内   D. 1500m以内

29. 将经营重点放在为某些特定企业租赁房屋提供代理服务的经营战略是（　　）战略。
   A. 聚焦   B. 低成本
   C. 多样化   D. 一体化成长

30. 下列做法中，不符合商品房售楼处客户接待要求的是（   ）。
    A. 销售人员按顺序接待客户
    B. 所有人员都在接待区接待客户
    C. 销售人员应积极主动接待客户
    D. 严格按照开发商承诺回答客户提问
31. 关心和爱护员工，保护和服务员工，体现了房地产经纪机构人力资源管理的特征是（   ）。
    A. 人本性				B. 互惠性
    C. 战略性				D. 合法性
32. 对于客户投诉的问题不是由房地产经纪机构过错造成的情形，房地产经纪人应采取的态度是（   ）。
    A. 不予理会				B. 主动承担责任
    C. 解释并提供必要协助		D. 指出客户的行为不专业
33. 将房地产经纪业务分为住宅房地产经纪业务和商业房地产经纪业务的标准是（   ）。
    A. 房地产的用途			B. 房地产的服务对象
    C. 房地产所处的市场类型		D. 房地产交易的类型
34. 房地产经纪人为了充分了解委托人的意图和要求，把握其心理状况并衡量其购房能力，首先应当（   ）。
    A. 引导客户需求			B. 倾听客户陈述
    C. 介绍佣金标准			D. 全面介绍自己所在机构情况
35. 为客户进一步提供装修、家具配置服务，属于房地产经纪后续服务中的（   ）。
    A. 基本服务				B. 扩展服务
    C. 改进服务				D. 跟踪服务
36. 房地产经纪服务合同的受托方是（   ）。
    A. 房地产经纪机构			B. 房地产从业人员
    C. 房地产经纪专业人员		D. 房地产经纪机构法人
37. 在房地产经纪机构开设的客户交易结算资金专用存款账户内，交易资金的所有人是（   ）。
    A. 房地产交易当事人		B. 账户开设银行
    C. 房地产经纪人			D. 房地产经纪机构
38. 房地产经纪服务合同的形式是（   ）。
    A. 口头形式				B. 书面形式
    C. 电文形式				D. 以上形式都可以
39. 房地产经纪机构未完成约定服务事项的（   ）
    A. 不得收取佣金			B. 可以收取少量佣金
    C. 可以收取全额佣金的一半	D. 可以委托协商确定是否收取佣金
40. 全国的房地产经纪执业规范是（   ）发布的。
    A. 国务院				B. 住房和城乡建设部

C. 人力资源和社会保障部 D. 中国房地产估价师与房地产经纪人学会

41. 房地产经纪执业规范作为行规，可以调整同行间的竞争合作关系，防止或者减少同行的不正当竞争，说明其具有（　　）的作用。

   A. 规范执业行为，提高服务水平
   B. 和谐同行关系，优化行业环境
   C. 促进行业自律，助力行业健康持续发展
   D. 提高人员流动率，保持企业新鲜血液

42. 要求房地产经纪机构和房地产经纪从业人员一视同仁地提供房地产经纪服务，体现了房地产经纪机构和房地产从业人员在执业过程中要遵循（　　）。

   A. 合法原则 B. 平等原则
   C. 对等原则 D. 公平原则

43. 下列情形的房地产，可以发布广告的是（　　）。

   A. 权属有争议的 B. 被依法查封的
   C. 在更正登记中的 D. 未取得预售许可证的

44. 房地产经纪行业管理的基本作用是（　　）。

   A. 加快推进行业立法 B. 实施行业专业管理
   C. 维护社会整体利益 D. 优先创造良好条件

45. 作为售楼处销售人员的房地产经纪人，因客户不满意其推荐的房源而向客户推荐了其朋友公司代理的楼盘，这种行为（　　）。

   A. 能提高房地产经纪人员收入，符合行业惯例
   B. 违背了售楼处销售人员的岗位职责要求
   C. 违反了国家法律规定
   D. 是为客户着想，值得提倡

46. 负责房地产经纪服务收费管理的部门是（　　）。

   A. 人力资源和社会保障主管部门 B. 建设（房地产）主管部门
   C. 市场监督管理部门 D. 价格主管部门

47. 行政监管部门对房地产经纪活动进行全面监督管理最常用方式是（　　）。

   A. 现场巡查 B. 合同抽查
   C. 投诉受理 D. 随机抽查

48. 房地产经纪门店的目标客户管理方式包括房地产经纪人员管理和（　　）。

   A. 行业内分散管理 B. 行业内集中管理
   C. 门店店内集中管理 D. 门店店内分散管理

49. 为了避免一个岗位的工作内容过于固定、呆板，房地产经纪机构在进行岗位设置时应当遵循的原则是（　　）。

   A. 工作丰富化 B. 因岗设事
   C. 专业分工细化 D. 因人设岗

50. 按照《房地产经纪管理办法》的规定，改变房屋内部结构分割出租的，对房地产经纪机构处以 3 万元罚款和（　　）。

   A. 取消备案资质 B. 注销营业执照

C. 取消网上签约资格　　　　　　D. 注销行业组织学员资格

二、多项选择题（共30题，每题2分。每题的备选答案中有2个或2个以上符合题意。错选不得分，少选且选择正确的，每个选项得0.5分）

51. 关于经纪、行纪、经销、包销之间的区别说法，正确的有（　　）。
    A. 经纪活动的主体直接参与交易，对交易标的具有所有权
    B. 经纪活动主体获得的是作为经纪服务报酬的佣金
    C. 行纪活动主体的报酬形式是差价
    D. 行纪不占有交易标的，以自己的名义进行活动
    E. 包销活动主体以自己的名义进行活动，但行为受到一定的限制

52. 佣金是经纪服务委托人对经纪服务提供方所（　　）的总回报。
    A. 付出的劳动时间　　　　　　B. 花费的资金
    C. 承担的风险　　　　　　　　D. 提供的金融服务
    E. 承担的精神损失

53. 房地产经纪专业人员应具备的心理素质有（　　）。
    A. 自强、自豪　　　　　　　　B. 乐观、开朗
    C. 坚韧、奋进　　　　　　　　D. 积极、主动
    E. 诚实、守信

54. 房地产经纪专业人员继续教育学时的取得方式包括（　　）。
    A. 参加网络继续教育
    B. 参加继续教育面授培训
    C. 房地产经纪人业绩优秀可抵作继续教育学时
    D. 公开出版或者发表房地产经纪相关著作或文章
    E. 参加中房学授权的房地产经纪机构组织的内部培训

55. 市场分析的技能中，对信息的分析方法包括（　　）。
    A. 反算分析　　　　　　　　　B. 比较分析
    C. 性格分析　　　　　　　　　D. 简单统计分析
    E. 因果关系分析

56. 直线—职能制组织结构形式的缺点有（　　）。
    A. 对环境变化的适应能力差　　B. 管理人员多，开支大
    C. 职能人员沟通协调性差　　　D. 对外包业务缺乏控制
    E. 职能机构只有专业管理的目标

57. 房地产经纪机构中，基础部门包括（　　）。
    A. 行政部　　　　　　　　　　B. 人事部
    C. 法务部　　　　　　　　　　D. 财务部
    E. 培训部

58. 制定一个好的战略目标，通常具有（　　）。
    A. 可实现性　　　　　　　　　B. 可衡量性
    C. 明确性　　　　　　　　　　D. 时限性
    E. 独立性

59. 房地产经纪机构人力资源管理的特征是（　　）。
    A. 合法性　　　　　　　　　　B. 综合性
    C. 人本性　　　　　　　　　　D. 互惠性
    E. 战略性
60. 房地产经纪机构在签订房屋经纪服务合同前，应书面告知的事项有（　　）。
    A. 委托房屋市场参考价格　　　　B. 房地产经纪机构的规模
    C. 房地产经纪机构区域知名度　　D. 经纪服务收费标准和支付时间
    E. 房屋交易涉及的税费
61. 关于房地产经纪机构经营模式的说法，错误的有（　　）。
    A. 特许加盟经营模式可以实现低成本高速扩张，迅速抢占市场更多的份额
    B. 直营连锁经营模式的所有者和管理者对各连锁店具有绝对的控制权
    C. 特许加盟经营模式提高了特许授权人的风险
    D. 特许经营模式的连锁店都是独立拥有的
    E. 直营连锁模式对房地产经纪机构的人力、财务要求较低
62. 开设房地产经纪门店对客流量的分析内容包括（　　）。
    A. 客流类型　　　　　　　　　B. 派生客流
    C. 客流目的　　　　　　　　　D. 竞争因素
    E. 周边环境
63. 房地产经纪人员树立良好的"客户意识"，应注意的问题有（　　）。
    A. 珍惜常客　　　　　　　　　B. 平等化意识
    C. 发掘潜在客户　　　　　　　D. 维护客户权益
    E. 充分体察客户的期望
64. 房地产交易所缴税费的金额是根据房屋的（　　）来确定的。
    A. 权属性质　　　　　　　　　B. 房屋用途
    C. 购买年限　　　　　　　　　D. 配套设施
    E. 共有情况
65. 新建商品房销售代理合同中房地产经纪机构的权利义务有（　　）。
    A. 明确项目的市场定位　　　　B. 派专员办理收款
    C. 落实贷款银行　　　　　　　D. 制定、实施项目的推广方案
    E. 交房时专员办理入户手续
66. 房地产法律咨询的内容有（　　）。
    A. 房地产交易程序与税费　　　B. 住房贷款政策
    C. 购房资格　　　　　　　　　D. 物业服务
    E. 房屋质量
67. 房地产广告中不得包含的内容有（　　）。
    A. 升值或投资回报的承诺　　　B. 风水、占卜等封建迷信内容
    C. 房地产经纪机构名称　　　　D. 建筑设计效果图或模型照片
    E. 能够为入住者办理升学的承诺
68. 房地产经纪行业管理的基本原则主要有（　　）。

A. 鼓励自由竞争，促进市场活跃　　B. 遵循行业规律，实施专业管理
C. 创造良好环境，鼓励行业发展　　D. 健全行业组织，加强行业自律
E. 顺应市场机制，维护有序竞争

69. 房地产经纪行业管理的专业性主要体现在（　　）。
A. 对房地产经纪活动主体实行专业资质、资格管理
B. 规范房地产经纪收费
C. 对房地产经纪人员的职业风险进行管理
D. 重视房地产经纪管理的地域性
E. 制定房地产经纪职业道德

70. 在房地产交易中，通过（　　）完成房屋的流转和配置。
A. 实物流动　　　　　　　　B. 权利流动
C. 资金流动　　　　　　　　D. 信息流动
E. 格局流动

71. 房地产经纪专业人员职业资格实行统一考试的评价方式的有（　　）。
A. 房地产经纪人协理　　　　B. 房地产经纪人
C. 高级房地产经纪人　　　　D. 房地产经纪人助理
E. 房地产估价师

72. 关于房地产经纪人职业资格考试报考条件说法，正确的有（　　）。
A. 取得博士学历（学位），需从事房地产经纪业务工作满2年后才能参加考试
B. 取得硕士学历（学位），工作满2年，其中从事房地产经纪业务工作满1年才能参加考试
C. 取得大学本科学历，工作满4年，其中从事房地产经纪业务工作满2年才能参加考试
D. 取得大专学历，工作满6年，其中从事房地产经纪业务工作满3年才能参加考试
E. 通过考试取得房地产经纪人协理职业资格证书后，从事房地产经纪业务满5年才能参加考试

73. 下列情况应申请房地产经纪专业人员职业资格证书登记注销的有（　　）。
A. 变更受聘机构
B. 受聘机构名称变更
C. 受聘机构依法终止且无新受聘机构的
D. 受聘机构的备案证明过期且不备案的
E. 已与受聘机构解除劳动合同且无新受聘机构

74. 直营连锁模式的优点有（　　）。
A. 有利于机构制度的贯彻　　B. 提高了房客的匹配速度
C. 降低经营费用　　　　　　D. 利于统一培训管理
E. 可迅速扩大规模

75. 房地产经纪为了争取新客户可以采取的手段有（　　）。
A. 鼓励客户推荐　　　　　　B. 提供个性化服务
C. 正确处理投诉　　　　　　D. 给新客户提供附加服务

E. 积极沟通客户

76. 房地产经纪机构经营模式的选择包括（　　）。
    A. 企业业务渠道　　　　　　B. 企业规模
    C. 企业发展前景　　　　　　D. 规模化经营方式
    E. 企业的知名度

77. 房地产经纪业务中，通过客户登记表可以反映（　　）。
    A. 客户的收入变化　　　　　B. 客户人数的变化
    C. 所属区域的变化　　　　　D. 客户的需求变化
    E. 销售情况的变化

78. 新建商品房销售代理业务流程包括（　　）等环节。
    A. 项目执行企划与销售准备　B. 项目信息开发与整合
    C. 产权调查　　　　　　　　D. 销售执行与项目结算
    E. 项目研究与拓展

79. 我国房地产经纪行业管理的主要内容有（　　）。
    A. 房地产经纪人员的职业资格管理　B. 房地产经纪机构的财务管理
    C. 房地产经纪机构的备案管理　　　D. 房地产经纪机构的运营管理
    E. 房地产经纪行为的监管

80. 目前，我国房地产经纪行业主管部门规避房地产经纪纠纷的手段有（　　）。
    A. 制定推行示范文本　　　　　　　B. 加大行政处罚力度
    C. 加强房地产经纪服务收费管理　　D. 制定房地产经纪人员准入管理制度
    E. 加强房地产经纪行业信用管理

三、综合分析题（共20题，每小题2分。每小题的备选答案中有1个或1个以上符合题意。错选不得分，少选且选择正确的，每个选项得0.5分）

（一）

廖某委托甲房地产经纪机构（以下简称甲机构）寻找合适房源，并与甲机构签订了房地产经纪服务合同。经过甲机构介绍撮合，廖某拟购买杨某的房屋。甲机构在调查房屋权属情况时发现，该房屋虽然登记在杨某名下，实际为杨某与其妻子朱某在婚后购买。最后廖某与杨某签订了房屋买卖合同。同时，廖某还委托甲机构代办不动产登记手续。

81. 针对该宗经纪业务，甲机构应当开展的工作为（　　）。
    A. 修复房屋缺陷　　　　　B. 现场查验
    C. 引领廖某看房　　　　　D. 开展产权调查

82. 廖某和甲机构签订的房地产经纪服务合同为（　　）。
    A. 房屋承租经纪服务合同　B. 房屋出租经纪服务合同
    C. 房屋购买经纪服务合同　D. 房屋出售经纪服务合同

83. 甲机构与廖某约定的代办登记业务可以作为（　　）。
    A. 经纪服务合同的补充内容　B. 经纪服务合同的基本内容
    C. 延伸服务的主要内容　　　D. 买卖合同的基本内容

84. 甲机构确认该房屋能否交易的谨慎做法为（　　）。

A. 征得杨某个人同意出售房产即可
B. 询问杨某婚姻状况并要求杨某出具朱某同意出售证明
C. 查看该房屋的权属证书
D. 通过不动产登记部门核实该房屋的权属情况

85. 关于甲机构收取代办不动产登记服务费用的说法，正确的为（　　）。
A. 不应收取任何费用　　　　　　B. 只能收取交通费
C. 可以收取一定的服务费用　　　D. 只能收取信息费

（二）

2017年刘某大学本科毕业，并于当年取得房地产经纪人协理职业资格，同年刘某入职了房地产经纪人张某设立的甲房地产经纪机构（以下简称甲机构）。刘某的同学王某欲租房，张某承办该业务。王某看中了张某推荐的一套住房，张某要求王某预付定金。在签订正式租赁合同时，张某以只能通过第三方平台支付租金为由，诱导王某签订消费贷款条款的住房租赁合同。王某将甲机构的行为举报至房地产主管部门并起诉，要求甲机构退还佣金并赔偿损失。最终甲机构受到行政处罚，法院判决王某胜诉，半年后，甲机构解散。刘某到乙房地产经纪机构（以下简称乙机构）工作。

86. 需要向王某承担赔偿责任的主体为（　　）。
A. 张某　　　　　　　　B. 张某及其家人
C. 甲机构　　　　　　　D. 刘某

87. 刘某有资格报名参加房地产经纪人职业资格考试的最早时间为（　　）。
A. 2019年　　　　　　B. 2021年
C. 2020年　　　　　　D. 2018年

88. 刘某到乙机构工作，其房地产经纪专业人员职业资格登记证书应（　　）。
A. 继续使用原登记证书
B. 重新考取房地产经纪人协理职业资格
C. 进行职业资格证书初始登记
D. 变更登记到乙机构

89. 甲机构受到行政处罚的主要原因为（　　）。
A. 开展了租房贷款业务
B. 张某要求王某预付定金
C. 接受了刘某同学的委托
D. 诱导王某签订嵌套消费贷款条款的住房租赁合同

90. 张某的行为明显违背了房地产经纪专业人员职业道德内容中的（　　）。
A. 公平竞争　　　　　　B. 规范执业
C. 诚实守信　　　　　　D. 遵纪守法

（三）

甲房地产开发企业（以下简称甲企业）长期与乙房地产经纪机构（以下简称乙机构）保持商品房销售合作关系。乙机构为保证代理甲企业某楼盘的销售工作质量，决定任命房地产经纪人李某为该楼盘项目组的负责人。李某从机构各部门中协调出精英人员组建了销售团队，并在工作中充分发挥团队人员参与管理的创造性和积极性。

91. 乙机构为了留住甲企业这样的客户，可以开展的服务为（　　）。
   A. 正确处理投诉
   B. 与甲企业建立稳定的纽带关系
   C. 鼓励甲企业推荐新客户
   D. 深入了解甲企业的其他相关需求，提供个性化服务

92. 李某为激发销售团队人员积极性所采用的方式为（　　）。
   A. 尊重激励　　　　　　　B. 情感激励
   C. 参与激励　　　　　　　D. 目标激励

93. 李某确定工作团队具体人数及构成时，需要考虑的因素为（　　）。
   A. 销售期　　　　　　　　B. 市场推广方式
   C. 房源数量　　　　　　　D. 售楼处的装修装饰风格

94. 从组织结构角度考虑，李某负责项目组工作时，应注意（　　）。
   A. 解决好双重领导职责不清问题
   B. 尽可能将基本职能外包，降低运营成本
   C. 避免职能部门与横向机构间产生矛盾
   D. 发挥高层管理者高度集权的优势

95. 为了方便乙机构向购房者等第三方明示其所具有的商品房代理销售权，甲企业应向其出具（　　）。
   A. 新建商品房销售委托书　　B. 营业执照和备案证明
   C. 法人的授权委托书　　　　D. 商品房买卖合同范本

（四）

甲房地产经纪机构（以下简称甲机构）由于在业务中对待交易当事人一直保持平等、自愿、公平、诚信原则，不偏袒任何一方，使得品牌信誉良好，从而扩大规模在A小区新增了一家分支机构。由于甲机构内部组织调整，甲机构对其法人进行了变更。张某是A小区的租户，无意中看到甲机构发放的宣传单，找到甲机构，想了解一下近期A小区的房价水平。

96. 甲机构在执业过程中遵守的平等原则具体为（　　）。
   A. 当事人的法律地位平等　　B. 当事人的权利义务对等
   C. 机构之间竞争平等　　　　D. 机构之间权利义务对等

97. 下列关于甲机构新增的分支机构说法正确的为（　　）。
   A. 能独立开展经纪业务　　　B. 具有法人资格
   C. 分支机构独立核算　　　　D. 以甲机构的名义承揽业务

98. 甲机构法人变更后需要（　　）内向原备案机构办理备案变更手续。
   A. 10日　　　　　　　　　B. 15日
   C. 20日　　　　　　　　　D. 30日

99. 张某无意中看到甲机构发放的宣传单找到甲机构了解近期房价水平，张某属于甲

机构的（   ）。

  A. 自身客流   B. 引入客流

  C. 分享客流   D. 派生客流

  100. 甲机构在对分支机构进行选址时对周边的竞争对手分析可以采用的方法是（   ）。

  A. 对成交案例分析   B. 乔装客户到店

  C. 电话咨询   D. 观察

房地产经纪职业导论模拟卷（二）

一、单项选择题（共50题，每题1分。每题的备选答案中只有1个最符合题意）

1. 房地产经纪行业行政监督管理模式的直接管理主体是（　　）。
   A. 司法机关　　　　　　　　　　B. 大型房地产经纪机构
   C. 政府主管部门　　　　　　　　D. 房地产经纪行业组织

2. 行纪活动和经纪活动的相似之处体现在（　　）上。
   A. 活动主体同交易标的之间的关系　B. 是否以委托人的名义进行活动
   C. 报酬的形式　　　　　　　　　D. 风险的大小

3. 活动主体对交易标的拥有所有权的经济活动是（　　）。
   A. 包销　　　　　　　　　　　　B. 行纪
   C. 经纪　　　　　　　　　　　　D. 经销

4. 在房地产代理业务中，房地产经纪机构（　　）。
   A. 可以同时接受买卖双方委托　　B. 只能接受买方委托
   C. 只能接受卖方委托　　　　　　D. 只能接受买卖双方中的一方委托

5. 房地产经纪行业规范性管理的侧重点是（　　）。
   A. 行业竞争合作　　　　　　　　B. 房地产经纪从业人员职业风险
   C. 执业规范和服务收费　　　　　D. 房地产经纪活动主体资质或资格

6. 房地产经纪人在房地产经纪服务活动中拒绝收取红包，体现了房地产经纪人（　　）的义务。
   A. 拒绝不正当竞争　　　　　　　B. 维护委托人利益最大化
   C. 维护委托人的合法权益　　　　D. 恪守职业道德

7. 房地产经纪人向委托人报告房地产交易的订约机会，这种经纪活动为房地产（　　）。
   A. 媒介中介　　　　　　　　　　B. 指示中介
   C. 代理　　　　　　　　　　　　D. 行纪

8. 能够在房地产经纪服务合同上签名的是（　　）。
   A. 总经理　　　　　　　　　　　B. 房地产经纪专业人员
   C. 房地产经纪门店经理　　　　　D. 房地产经纪从业人员

9. 关于房地产经纪专业人员的说法，错误的是（　　）。
   A. 房地产经纪专业人员应当参加继续教育
   B. 房地产经纪专业人员应当办理职业资格证书登记
   C. 房地产经纪专业人员只能在所在省、自治区、直辖市范围内执业
   D. 中国港、澳、台地区的房地产经纪人员也可以取得房地产经纪专业人员职业资格

10. 房地产经纪专业人员职业资格证书的登记服务工作由（　　）负责。
    A. 人力资源和社会保障部
    B. 住房和城乡建设部
    C. 国家市场监督管理总局
    D. 中国房地产估价师与房地产经纪人学会

11. 下列房地产经纪人员中的行为中，不属于违背保密义务的是（　　）。
    A. 擅自将客户信息无偿泄露给他人　　B. 向交易双方披露房屋瑕疵
    C. 利用客户的商业机密牟利　　　　　D. 出售客户信息

12. 房地产经纪人张某在售楼处接待了同行 5 人的一组客户，在很短的时间内就准确了解了他们各自想要什么样的房子，并分别为他们做了推荐。这体现了张某具有（　　）的职业技能。
    A. 市场分析　　　　　　　　　　　B. 信息收集
    C. 产品分析　　　　　　　　　　　D. 供需搭配

13. 房地产经纪人员不随意跳槽或脚踩数条船所体现的职业道德是（　　）。
    A. 遵纪守法　　　　　　　　　　　B. 诚实守信
    C. 尽职尽责　　　　　　　　　　　D. 公平竞争

14. 在房地产经纪人执业资格登记有效期内，房地产经纪人若想调到另一家经纪机构执业，除与原机构解除聘用关系外，还应当及时办理登记（　　）手续。
    A. 延续　　　　　　　　　　　　　B. 调离
    C. 转移　　　　　　　　　　　　　D. 变更

15. 下列关于房地产经纪职业道德的说法中，正确的是（　　）。
    A. 房地产经纪职业道德属于外在的规范
    B. 房地产经纪职业道德具有强大的强制力，因而对房地产经纪人员具有约束力
    C. 房地产经纪职业道德不具有强制力，因而对房地产经纪人员不具有约束力
    D. 房地产经纪职业道德通过良心和舆论等来约束房地产经纪人员

16. 李某取得房地产估价师资格证书，参加全国房地产经纪人的考试，可以免试的科目是（　　）。
    A.《房地产交易制度政策》　　　　B.《房地产经纪职业导论》
    C.《房地产经纪专业基础》　　　　D.《房地产经纪业务操作》

17. 获得免试 1 个科目，只参加 3 个科目考试的人员，需要在连续（　　）考试年度内通过应试科目的考试。
    A. 1 个　　　　　　　　　　　　　B. 2 个
    C. 3 个　　　　　　　　　　　　　D. 4 个

18. 设立房地产经纪机构，公司名称应当以（　　）作为行业特征。
    A. 房地产中介　　　　　　　　　　B. 房地产经纪
    C. 房地产代理　　　　　　　　　　D. 房地产居间

19. 房地产经纪机构终止经纪活动后，逾期不办理备案注销手续的后果是（　　）。
    A. 主管部门责令改正
    B. 主管部门责令限期改正，逾期不整改的可处以罚款

C. 视为自动撤销
D. 视为该机构继续从事经纪活动

20. 房地产经纪行业执业规则属于（　　）。
    A. 房地产交易管理法规　　　　B. 房地产经纪管理法律
    C. 公约范畴　　　　　　　　　D. 房地产经纪管理规章

21. 房地产经纪机构是否采用无店铺的经营模式主要取决于（　　）。
    A. 面向的客户类型　　　　　　B. 拥有的资金实力
    C. 拥有的房地产经纪人员数量　D. 采取的战略类型

22. 房地产经纪机构对直接连锁经营组织的管理主要是（　　）。
    A. 行政管理　　　　　　　　　B. 合同约束
    C. 沟通督导　　　　　　　　　D. 自律管理

23. 房地产经纪机构品牌管理的核心是（　　）。
    A. 企业形象　　　　　　　　　B. 客户的感知价值
    C. 快捷灵活的服务　　　　　　D. 良好的客户关系

24. 房地产经纪机构业务流程再造的原则是（　　）。
    A. 流程越简单越好，参与的人越少越好
    B. 流程越复杂越好，参与的人越多越好
    C. 流程越简单越好，参与的人越多越好
    D. 流程越复杂越好，参与的人越少越好

25. 房地产经纪信息加工整理程序的最后一步是（　　）。
    A. 筛选　　　　　　　　　　　B. 鉴别
    C. 研究　　　　　　　　　　　D. 编辑

26. 房地产经纪服务过程中，容易出现承诺不当问题的环节主要是房地产经纪服务合同的签订和（　　）这两个环节。
    A. 房源信息发布　　　　　　　B. 客户交易资金划转
    C. 房屋权属查询　　　　　　　D. 房源保管

27. 在房地产经纪门店开设的过程中，目标市场应在（　　）时确定。
    A. 选择店址　　　　　　　　　B. 选择区域
    C. 准备开业　　　　　　　　　D. 租赁谈判和签约

28. 房地产经纪门店应具有独立的和尽量宽敞的门面，且门店前不应有任何遮挡物，是因为门店要保证（　　）。
    A. 充足的客源和房源　　　　　B. 良好的展示性
    C. 交通的顺畅和可达性　　　　D. 经营的可持续性

29. 门店的损益平衡点销售额是计划期限内的（　　）加上同期门店应得的正常利润。
    A. 经营成本　　　　　　　　　B. 门店租金
    C. 人员工资　　　　　　　　　D. 办公费用

30. 关于房地产经纪业务特点的说法，错误的是（　　）。
    A. 存量房经纪业务在未来具有较大增长空间
    B. 存量房经纪业务的标的通常是单宗房地产

C. 一般而言，新建商品房经纪业务的佣金结算相对简单

D. 新建商品房经纪业务的标的通常是批量房地产

31. 房地产买方代理业务中的委托人是（　　）。
   A. 购房者　　　　　　　　　　B. 售房者
   C. 房地产经纪人　　　　　　　D. 房地产经纪机构

32. 下列服务中，不属于房地产咨询服务内容的是（　　）。
   A. 房地产投资咨询　　　　　　B. 房地产法务咨询
   C. 房地产价格咨询　　　　　　D. 房地产价格评估

33. 房地产经纪机构为客户办理房地产抵押贷款手续所提供的服务，属于（　　）。
   A. 房地产咨询服务　　　　　　B. 房地产经纪基本服务
   C. 房地产交易保障服务　　　　D. 房地产交易相关手续代办服务

34. 房地产经纪机构所提供的房地产权属登记信息查询服务，属于房地产经纪服务中的（　　）。
   A. 房地产咨询服务　　　　　　B. 房地产交易相关手续代办服务
   C. 房地产交易保障服务　　　　D. 房地产基本服务

35. 房地产经纪机构完成房地产经纪服务后，委托人有义务支付佣金，延伸服务的结果（　　）。
   A. 应当作为影响委托人佣金支付义务的因素
   B. 不应当作为影响委托人佣金支付义务的因素
   C. 根据经纪服务合同约定，确定是否作为影响委托人佣金支付义务的因素
   D. 视具体情况，以上说法都对

36. "一、二手业务联动"是指（　　）。
   A. 新建商品房经纪业务与存量房经纪业务融合
   B. 住宅经纪业务与商业房地产经纪业务融合
   C. 买卖经纪业务与租赁经纪业务融合
   D. 买方代理业务与卖方代理业务融合

37. 房地产经纪机构受委托人委托，以委托人名义出售房地产的服务行为是（　　）。
   A. 房地产买方代理业务　　　　B. 房地产居间代理业务
   C. 房地产卖方代理业务　　　　D. 房地产销售代理业务

38. 在新建商品房销售代理业务流程中，项目签约后的下一个环节是（　　）。
   A. 项目执行企划　　　　　　　B. 项目研究与拓展
   C. 销售准备　　　　　　　　　D. 销售执行

39. 若房地产经纪机构未完成房地产经纪服务合同约定的服务事项，但为完成该宗业务支出的必要费用，则可以（　　）。
   A. 酌情收取佣金　　　　　　　B. 重新商定佣金
   C. 减半收取佣金　　　　　　　D. 按合同约定收取必要费用

40. 为避免无效率的反复沟通，对于无法解决的客户要求，房地产经纪人应（　　）。
   A. 直言相告　　　　　　　　　B. 转移话题
   C. 适当回避　　　　　　　　　D. 不予回应

41. 下列行为中，属于房地产经纪机构正当竞争的是（　　）。
    A. 按明显低于同行业的收费标准收费
    B. 传播对同行信誉产生不良影响的虚假信息
    C. 向行业主管部门举报其他房地产经纪机构的违法行为
    D. 故意在委托人与其他房地产经纪机构之间设置障碍

42. 我国房地产经纪服务收费实行（　　）。
    A. 收费备案制度　　　　　　B. 收费许可制度
    C. 收费标准制度　　　　　　D. 明码标价制度

43. 房地产经纪机构代理销售商品房项目的，应当在（　　）公示商品房销售委托书。
    A. 销售现场　　　　　　　　B. 委托机构办公场所
    C. 样板房内　　　　　　　　D. 房地产经纪机构办公场所

44. 在房地产市场快速发展的背景下，优秀房地产经纪机构实现高速成长主要得益于（　　）。
    A. 轻资产的企业特性　　　　B. 税收优惠扶持
    C. 固定资产的占比较高　　　D. 重资产的行业特点

45. 房地产经纪人在签订房屋承购经纪服务合同时，应向委托人出示（　　）。
    A. 历史成交记录证明　　　　B. 学历证明
    C. 从业年限证明　　　　　　D. 职业资格登记证书

46. 房地产难以通过经销商来流通，主要原因是（　　）。
    A. 需求多样化　　　　　　　B. 价格昂贵
    C. 信息搜集困难　　　　　　D. 交易周期长

47. 负责房地产经纪服务收费管理的部门是（　　）。
    A. 人力资源和社会保障部门　B. 建设（房地产）主管部门
    C. 工商行政管理部门　　　　D. 国家和发展改革委员会

48. 在我国，负责房地产经纪行业自律管理的组织是（　　）。
    A. 房地产交易管理部门　　　B. 房地产经纪主管部门
    C. 房地产经纪行业学（协）会　D. 建设（房地产）主管部门

49. 无免试资格的李某于2017年报考房地产经纪专业人员职业资格考试，此次考试通过了3个科目，这三个科目的成绩最长会保留至（　　）年。
    A. 2021　　　　　　　　　　B. 2020
    C. 2019　　　　　　　　　　D. 2018

50. 因委托人违约造成房地产经纪机构损失的，有权要求委托人承担违约损害赔偿责任的主体是（　　）。
    A. 房地产经纪机构负责人　　B. 门店负责人
    C. 承办该项业务的房地产经纪人　D. 房地产经纪机构

二、多项选择题（共30题，每题2分。每题的备选答案中有2个或2个以上符合题意）

51. 房地产经纪活动的"服务性"表现为经纪机构（　　）。
    A. 对交易房地产享有使用权　B. 不直接作为交易主体
    C. 不存在买卖行为　　　　　D. 对交易房地产没有所有权

E. 对交易房地产享有抵押权

52. 参加全国房地产经纪人职业资格考试，可以免试《房地产交易制度政策》科目的有（　　）。
   A. 取得房地产估价师证书
   B. 取得经济专业技术资格"房地产经济"专业中级资格证书
   C. 取得房地产经纪协理证书
   D. 取得房地产经纪专业博士学位
   E. 国家统一规定评聘高级经济师职务的人员

53. 房地产经纪机构直营连锁模式的优点有（　　）。
   A. 便于对员工统一培训
   B. 所有权与经营权统一
   C. 信息搜集范围大，利用率高
   D. 门店自主权大
   E. 区域扩张不易受资金短缺限制

54. 房地产经纪专业人员的义务包括（　　）。
   A. 接受继续教育，提高业务水平
   B. 依法维护当事人的合法权益
   C. 向委托人披露相关信息
   D. 为委托人保守个人隐私及商业秘密
   E. 收取佣金

55. 房地产经纪专业人员应掌握的人际沟通技能包括（　　）。
   A. 在较短时间内完成供求搭配
   B. 了解客户心理活动和基本想法
   C. 就佣金金额与客户讨价还价
   D. 适当运用向客户传达意思的方式
   E. 把握向客户传达关键信息的时机

56. 房地产经纪专业人员的尽职尽责主要体现在（　　）。
   A. 满足客户的避税要求
   B. 如实报告房屋的真实状况
   C. 维护公司的信用和品牌
   D. 为客户严守商业机密
   E. 不能马马虎虎，敷衍了事

57. 房地产经纪人员的职业资格分为（　　）。
   A. 初级房地产经纪人
   B. 中级房地产经纪人协理
   C. 高级房地产经纪人
   D. 房地产经纪人协理
   E. 房地产经纪人

58. 根据《房地产经纪管理办法》，设立房地产经纪机构应当办理的手续有（　　）。
   A. 向当地价格主管部门备案
   B. 向当地房地产经纪行业组织申请人员备案
   C. 向当地建设（房地产）主管部门申请机构备案
   D. 向当地工商行政管理部门申请工商注册登记
   E. 向当地税务部门申请办理人员社保

59. 作为轻资产型企业，房地产经纪机构的核心资产主要有（　　）。
   A. 品牌
   B. 易耗品
   C. 固定资产
   D. 优秀的房地产经纪人员
   E. 商业模式

60. 合伙人可以用（　　）出资组建合伙制房地产经纪机构。

A. 货币 B. 实物
C. 土地所有权 D. 知识产权
E. 土地使用权

61. 房地产经纪机构的组织结构形式包括（　　）。
A. 直线—职能制 B. 分部制
C. 领导—员工制 D. 事业部制
E. 网络制

62. 房地产经纪机构的特点有（　　）。
A. 轻资产类型的企业 B. 多元化经营的房地产开发企业
C. 企业性质的中介服务机构 D. 资金密集型的企业
E. 规模具有巨大可选择范围的机构

63. 房地产经纪从业人员与房地产经纪机构通过签订劳动合同来确定双方关系，这种关系体现为（　　）。
A. 挂靠关系 B. 执业关系
C. 代理关系 D. 经济关系
E. 法律责任关系

64. 按照工作性质，房地产经纪机构的工作岗位有（　　）。
A. 业务序列 B. 业务支持序列
C. 研发序列 D. 管理序列
E. 回访序列

65. 重视房地产经纪信息的系统性，主要体现在（　　）。
A. 加强经纪信息的目的性 B. 保证经纪信息的完整性
C. 保证经纪信息的连续性 D. 提高经纪信息的利用性
E. 保证经纪信息的时效性

66. 房地产经纪机构留住老客户的正确做法有（　　）。
A. 经常给老客户打电话推销房源 B. 及时正确处理投诉
C. 为老客户提供个性化服务 D. 经常联系，建立长久的合作关系
E. 对新客户收取更高的佣金

67. 房地产经纪机构的经营战略主要有（　　）。
A. 低成本战略 B. 扩张性战略
C. 多样化战略 D. 聚焦战略
E. 一体成长化战略

68. 房地产经纪机构业务流程管理的主要内容有（　　）。
A. 流程分析 B. 流程再造
C. 流程设计 D. 流程合并
E. 流程管理

69. 下列不规范的房地产经纪行为中，能够导致民事赔偿风险的有（　　）。
A. 未按要求公示相关信息
B. 未就房屋权属尽严格审查义务

C. 房地产经纪服务合同未由承办业务的房地产经纪专业人员签字
D. 不与交易当事人签订书面房地产经纪服务合同
E. 向客户作出不当承诺

70. 房地产经纪机构防范风险的措施包括（　　）。
    A. 开展对外承诺标准化
    B. 进行风险转移
    C. 通过品牌战略提高知名度
    D. 开展门店责任人培训
    E. 进行权限控制与分配

71. 房地产经纪机构选择门店目标区域时，要对周边的存量房市场的（　　）进行调查和分析。
    A. 房源状况
    B. 客源状况
    C. 竞争程度
    D. 周边环境
    E. 宏观政策

72. 组建售楼处工作团队时，通常需要考虑的因素有（　　）。
    A. 销售期
    B. 房源数量
    C. 市场推广方式
    D. 佣金收费方式
    E. 房地产开发企业的资质等级

73. 在存量房经纪业务基本流程中的协助交易达成环节，房地产经纪人的主要工作包括（　　）。
    A. 引领买方看房
    B. 协调交易价格
    C. 引导买卖双方交割房款
    D. 协助或代理委托人签订交易合同
    E. 协助或代办产权登记

74. 下列业务环节中，可以在房地产互联网线上平台实现的有（　　）。
    A. 电子名片
    B. 房源信息
    C. 实地看房
    D. 客源信息
    E. 房屋交接

75. 房地产经纪服务中的委托人可以是（　　）。
    A. 房地产贷款人
    B. 房地产出售人
    C. 房地产出租人
    D. 房地产承购人
    E. 房地产承租人

76. 以下属于存量房经纪服务合同的有（　　）。
    A. 房屋出售经纪服务合同
    B. 房屋购买经纪服务合同
    C. 房屋出租经纪服务合同
    D. 存量房买卖合同
    E. 房屋承租经纪服务合同

77. 房地产经纪执业规范是调整房地产经纪机构及房地产经纪人员与（　　）关系的行为准则。
    A. 同行
    B. 社会大众
    C. 行业组织
    D. 行政主管部门
    E. 交易当事人

78. 下列房地产经纪人员收集信息的途径中，正确的有（　　）。

A. 报纸、广播、电视等媒体　　B. 房地产企业、银行、政府部门等单位
C. 门店接待、电话询问　　　　D. 微信朋友圈、QQ群等网络社交工具
E. 通过网络购买业主联系方式

79. 通过房地产经纪机构在银行开设的客户交易资金专用存款账户划转房地产交易资金的，应当经过（　　）签字和盖章。

A. 存款银行　　　　　　　　B. 贷款银行
C. 房地产经纪机构　　　　　D. 房地产交易管理部门
E. 房地产交易资金支付方

80. 当前，房地产经纪行业主管部门为减少房地产经纪纠纷所采取的主要措施有（　　）。

A. 制定并推广使用合同示范文本
B. 成立房地产经纪纠纷仲裁委员会
C. 加强对房地产经纪服务收费管理
D. 聘请律师指导房地产经纪机构开展经纪业务
E. 制定房地产经纪服务标准，明确服务要求和内容

三、综合分析题（共20题，每小题2分。每小题的备选答案中有1个或1个以上符合题意，错选不得分；少选且正确的，每个选项得0.5分）

（一）

甲房地产经纪机构（以下简称甲机构）是一家同时经营存量房、新建商品房以及房地产咨询、顾问、策划等多种业务的房地产经纪机构，张某是甲机构的房地产经纪人，他得知王某拟以80万元出售一套住房，要求代理出售此房。王某答应了张某的要求，并与甲机构签署了房屋出售经纪服务合同。合同约定由张某承办该业务。后来，张某得知王某急于售房还债，便以房屋户型、楼层、房龄等条件不佳为由，以70万元的价格自行购买了该住房。王某收到70万元房价款后，又向甲机构支付了1万元佣金。两个月后张某将该住房以86万元的价格售出。此后，房地产经纪行业管理部门在开展行业检查时，发现该住房买卖合同的当事人是甲机构的房地产经纪人张某，并依法对张某的违法行为进行了查处。

81. 张某承办的房地产经纪业务应属于（　　）。

A. 存量房经纪业务　　　　　　B. 房地产卖方代理业务
C. 新建商品房销售代理业务　　D. 房地产买方代理业务

82. 张某违法的行为应处以张某（　　）。

A. 1万元罚款　　　　　　　　B. 1万～3万元罚款
C. 3万元罚款　　　　　　　　D. 协商确定罚款数额

83. 张某的行为违背了房地产经纪执业规范中的（　　）。

A. 平等原则　　　　　　　　B. 自愿原则
C. 公平原则　　　　　　　　D. 诚信原则

84. 按照主营业务的不同划分，甲机构是一家（　　）的经纪机构。

A. 以存量房业务为主　　　　B. 以新建商品房业务为主

C. 网络经纪业务为主　　　　　D. 综合性

（二）

谢某委托甲房地产经纪机构（以下简称甲机构）出售一套住房，双方就委托事项进行了明确，并签订了规范的房地产经纪服务合同。通过甲机构居间介绍，谢某与李某签署了房地产交易合同。同时，李某分别向谢某和甲机构支付了5万元购房定金和1万元佣金。但是，在办理房屋所有权转移登记时，登记部门发现该房屋所有权不在谢某名下，因此无法办理转移登记。由此，该宗房地产交易产生纠纷，房地产交易合同无法履行。

85. 按照存量房买卖经纪业务流程，本案例纠纷是由（　　）环节中的服务瑕疵造成的。
　　A. 业务洽谈　　　　　　　　B. 产权调查
　　C. 签订房地产经纪服务合同　　D. 售后服务
86. 谢某与甲机构签订的房地产经纪服务合同应当由（　　）。
　　A. 谢某的签名
　　B. 甲机构的盖章
　　C. 甲机构的主要负责人的签名
　　D. 承办该业务的一名房地产经纪人或者两名房地产经纪人协理的签名
87. 为避免类似纠纷，甲机构在签订房地产经纪服务合同时，应当（　　）。
　　A. 采用示范合同文本　　　　B. 查看房屋权属证书
　　C. 查询房屋交易涉及的税费　　D. 不动产登记部门核实权属
88. 该房地产产权不在谢某名下，说明该房地产经纪活动的（　　）不合法。
　　A. 房地产交易当事人　　　　B. 房地产经纪机构
　　C. 交易房地产　　　　　　　D. 房地产经纪人员

（三）

甲房地产经纪机构（以下简称甲机构）主营存量房经纪业务，2007—2013年已累计投资设立了30家经纪门店。这些经纪门店具有相同的品牌标识和经营管理模式。2014年受到互联网经纪公司以及其他大型机构低价竞争的影响，甲机构出现危机，大量的成熟房地产经纪人员离职，市场占有率也不断下降。甲机构决定调整策略以应对危机：一是提高房地产经纪人员的分佣比；二是与同行开展合作；三是增加新建商品房销售代理业务；四是投资建设信息管理系统。

89. 甲机构的经营模式为（　　）。
　　A. 单店铺经营　　　　　　　B. 无店铺经营
　　C. 直营连锁经营　　　　　　D. 特许加盟连锁经营
90. 甲机构应对危机采取的策略属于（　　）。
　　A. 低成本战略　　　　　　　B. 多样化战略
　　C. 一体化战略　　　　　　　D. 聚焦战略
91. 甲机构这些经纪门店采用相同的品牌标识和经营管理模式的优点是（　　）。
　　A. 所有权与经营权统一　　　B. 信息搜集范围扩大

C. 企业竞争能力相对提高　　　　D. 经营成本大大降低
92. 甲机构在进行信息管理系统设计的时候，应当遵循（　　）原则。
　　A. 网络化　　　　　　　　　　　B. 共享
　　C. 协同　　　　　　　　　　　　D. 低成本

（四）

　　张某、李某是注册房地产经纪人，田某是注册房地产经纪人协理，三人同在某房地产经纪机构。2009年，三人共同发起设立甲房地产经纪机构（以下简称甲机构），并按规定办理了相关手续。甲机构将开设门店的目标区域定位于人口密集的住宅区。创业之初，甲机构对员工进行如下内容的培训：①房源和客源搜集、挖掘和维护的方法；②市场需求、供给和价格变化趋势的分析方法；③判断客户需求的技巧；④与高端客户沟通所需的文学、艺术等方面的知识，还实行佣金制薪酬制度，规定佣金的60%归房地产经纪人。甲机构又与乙房地产经纪机构（以下简称乙机构）开展业务合作，两机构约定佣金的60%归提供房源的一方，40%归提供客源的一方。在一宗合作进行的房屋买卖经纪业务中，甲机构的张某为卖房人的代理人，乙机构的房地产经纪人王某为购房人的代理人，二人共同完成了该业务，房屋成交价为100万元，当地买卖经纪服务收费标准为成交价的2%。

93. 甲机构办理完工商登记后，还应当办理的相关手续通常包括（　　）。
　　A. 到所在地市、县人民政府建设（房地产）部门办理备案手续
　　B. 通过中国房地产经纪人网办理田某的注册变更手续
　　C. 通过中国房地产经纪人网办理张某、李某的注册变更手续
　　D. 张某、李某和田某参加网络继续教育
94. 在该宗合作业务中，张某应当获得（　　）佣金报酬。
　　A. 7200元　　　　　　　　　　　B. 8000元
　　C. 12000元　　　　　　　　　　D. 20000元
95. 王某在该宗合作业务中享有（　　）。
　　A. 以自己的名义在房屋买卖合同上签名的权利
　　B. 在房屋承购经纪服务合同上签名的权利
　　C. 要求张某提供身份证明的权利
　　D. 获得合理报酬的权利
96. 甲机构在门店选址时，突出保证了门店的（　　）。
　　A. 良好展示性　　　　　　　　　B. 顺畅可达性
　　C. 经营可持续性　　　　　　　　D. 房源和客源充足性

（五）

　　张某委托甲房地产经纪机构王某为其出售一套住房，并签订了委托合同，为了方便经纪人王某看房，张某将房屋钥匙交给了甲经纪机构经纪人王某，王某为了表示自己的能力，承诺张某房屋1个月内出售，随后，张某开始对该房源匹配客户，找到客户李某，李某对房屋现场看房后十分满意，希望尽快签交易合同，但李某为了规避税费，要求甲机构签订两份交易合同，经纪人员王某答应了此要求，并签订了交易合同，定于15天后办理

不动产转移登记，但不久后房屋就发生了盗窃，但门锁并未损坏。

97. 按照我国现行法律，经纪机构一旦接受了业主所委托房源的钥匙，就要对该房源履行保管责任，该房源发生失窃案属于民事赔偿中的（　　）。

  A. 未尽严格审查义务风险　　　　B. 房源保管风险

  C. 提供虚假信息风险　　　　　　D. 产权瑕疵风险

98. 王某承诺房屋在 1 个月内出售，此行为属于（　　）。

  A. 承诺不当　　　　　　　　　　B. 房源保管

  C. 不正当行为　　　　　　　　　D. 未尽严格审查义务

99. 王某答应李某签订阴阳合同的要求违反了房地产经纪职业规范中的（　　）。

  A. 业务承接规范　　　　　　　　B. 信息保密规范

  C. 业务招揽规范　　　　　　　　D. 业务办理规范

100. 甲机构的王某协助李某签订阴阳合同，甲机构可能面临的行政处罚是（　　）。

  A. 责令限期改正，记入信用档案　B. 经纪人员 1 万元以上罚款

  C. 经纪机构 3 万元罚款　　　　　D. 取消机构网签资格

房地产经纪职业导论模拟卷（一）答案解析

一、单项选择题

1.【答案】B

【解析】代理，即委托代理，是指经纪人在受托权限内以委托人的名义与第三方进行交易，并由委托人承担相应法律后果的经济行为。

【出处】《房地产经纪职业导论》（第四版）P2

2.【答案】C

【解析】房地产经纪活动是一种有偿服务，但房地产经纪服务提供方所获得的收入是根据服务结果来最终确定的，即便是在房地产经纪服务合同中约定了收费标准，在最终确定成交额和成功签订房地产交易合同之前，也无法确定最终收取佣金的数额。

【出处】《房地产经纪职业导论》（第四版）P13

3.【答案】C

【解析】房地产包销的报酬形式是佣金＋差价。经纪的报酬形式是佣金，行纪和经销的报酬形式是差价。

【出处】《房地产经纪职业导论》（第四版）P5

4.【答案】D

【解析】活动报酬的后验性：虽然房地产经纪活动是一种有偿服务，但房地产经纪服务提供方所获得的收入是根据服务结果来最终确定的，即便是在房地产经纪服务合同中约定了收费标准，在最终确定成交额和成功签订房地产交易合同之前，也无法确定最终收取佣金的数额。首先，无论经纪服务提供方在经纪服务过程中所提供的各项具体服务内容的数量与质量如何，最终是否能够获得佣金报酬完全取决于经纪服务是否使委托人与交易相对人达成了交易。其次，房地产经纪服务佣金最终由房屋成交额和经纪服务合同约定的佣金与交易成交额比例决定。

【出处】《房地产经纪职业导论》（第四版）P13

5.【答案】D

【解析】由于房地产商品和房地产交易的复杂性，大多数房地产交易主体由于缺乏房地产领域的专业知识和实践经历，如果独立、直接地进行房地产交易，不仅要在信息搜寻、谈判、交易手续办理等诸多环节上花费大量的时间、精力和资金成本，而且效率低下。这种状况对房地产交易具有显著的阻滞效应，从而导致房地产市场运行整体低效。房地产经纪是社会分工进一步深化的表现，专业化的房地产经纪机构可以通过集约化的信息收集和积累、专业化的人员培训和实践，掌握丰富的市场信息，委派具有扎实的房地产专业知识和房地产交易专业技能的房地产经纪人员，为房地产交易主体提供一系列有助于房地产交易的专业化服务，从而降低每一宗房地产交易的成本，加速房地产流通，提高房地产市场的整体运行效率。

【出处】《房地产经纪职业导论》(第四版)P15

6.【答案】A

【解析】我国香港地区的房地产经纪人员分为地产代理(个人)和营业员,我国台湾地区把房地产经纪人员分为不动产经纪人和经纪营业员。美国把房地产经纪人员分为房地产经纪人和房地产销售员,我国参照了国际上的通行做法,并针对我国的实际情况,把房地产经纪人员职业资格分为房地产经纪人协理、房地产经纪人和高级房地产经纪人3个级别。

【出处】《房地产经纪职业导论》(第四版)P30

7.【答案】B

【解析】在登记有效期内,有下列情况之一的,应当申请变更登记:① 变更受聘机构;② 受聘机构名称变更;③ 申请人姓名或身份证件号码变更。

【出处】《房地产经纪职业导论》(第四版)P40

8.【答案】C

【解析】房地产经纪机构签订的房地产经纪服务合同,应当加盖房地产经纪机构印章,并由从事该业务的一名房地产经纪人或者两名房地产经纪人协理签名。

【出处】《房地产经纪职业导论》(第四版)P134

9.【答案】A

【解析】不进行不正当竞争的义务。不进行不正当竞争是所有经营者的义务,房地产经纪专业人员也不例外。房地产经纪专业人员不得违反相关规定,通过商业贿赂、虚假广告、盗取客户信息等手段损害其他房地产经纪专业人员的合法权益,扰乱房地产经纪行业秩序。

【出处】《房地产经纪职业导论》(第四版)P46

10.【答案】A

【解析】信息是房地产经纪专业人员开展经纪业务的重要资源。

【出处】《房地产经纪职业导论》(第四版)P51

11.【答案】B

【解析】执业理念主要是指对市场竞争、同行合作等问题的认识和看法。

【出处】《房地产经纪职业导论》(第四版)P55

12.【答案】C

【解析】诚实守信体现在两个方面,"诚"的第一要义是真诚,第二要义是坦诚。房地产经纪业是以促成客户交易为服务内容的,良好的信用可以给房地产经纪专业人员带来更多的客户,为经纪机构创造良好的品牌和收益。房地产经纪专业人员应牢固树立"信用是金"的思想观念。一方面,要言必行,行必果;另一方面,应注意不随意许诺,避免失信。

【出处】《房地产经纪职业导论》(第四版)P58

13.【答案】A

【解析】目前,随着一些一二线城市房地产市场中存量房交易占比不断上升并超过新房交易市场,存量房经纪业务在房地产经纪行业的业务总量中的比重已在50%以上,并持续上升。

【出处】《房地产经纪职业导论》（第四版）P66

14.【答案】A

【解析】房地产经纪活动中的许多环节都是必不可少的，因此房地产经纪专业人员绝不能为图轻松而省略，也不能马马虎虎，敷衍了事。比如，对卖家委托的房源，应充分了解，不仅要通过已有的文字资料了解，还要到现场进行实地勘察，核实业主身份及房源能否出售。因此，房地产经纪专业人员要不断地走街串巷，非常辛苦。如果没有尽职守责的敬业精神，是不能胜任这一工作的。体现了房地产经纪人员尽职尽责的职业道德。

【出处】《房地产经纪职业导论》（第四版）P59

15.【答案】D

【解析】我国房地产经纪行业内还出现了一种新的经营模式——由一家大型房地产经纪机构（发起机构）联合众多中小房地产经纪机构乃至较大型房地产经纪机构组成一个统一名牌、由发起机构统一提供房源公盘系统、招聘、培训、房地产经纪业务信息系统、签约与过户交易服务、贷款与金融服务、法务咨询服务等，各经纪机构独立经营运作的"平台＋众机构"的联盟经营模式。这一模式有利于帮助中小房地产经纪机构克服自身因规模限制而存在的诸多困难，同时也有助于规范其业务运作。

【出处】《房地产经纪职业导论》（第四版）P77

16.【答案】D

【解析】客户服务部门的工作是综合性的。它的主要职能既包含客户服务，同时也包括对房地产经纪从业人员业务行为的监督。客户服务部门是机构对外的窗口，也是获得社会认可的重要渠道，是房地产经纪机构形象的代表。而对房地产经纪从业人员行为的监督则是保证经纪从业人员在提供服务时能够严格按照机构的要求提供规范服务的有效手段。

【出处】《房地产经纪职业导论》（第四版）P86

17.【答案】A

【解析】交易管理部：房地产经纪机构要对其所属房地产经纪从业人员的行为承担法律责任。交易管理部门主要负责对房地产经纪人代表房地产经纪机构与客户签订的合同进行管理，保障交易安全，维护房地产经纪机构的利益。

【出处】《房地产经纪职业导论》（第四版）P85

18.【答案】A

【解析】房地产经纪机构是房地产经纪业运行的基本载体，是开展房地产经纪业务的基本法律主体，是将房地产市场中交易双方联系在一起的桥梁。同时，房地产经纪机构是统一承接房地产经纪业务、统一收取服务报酬的法律主体，也就是说，房地产经纪机构是房地产经纪从业人员从事房地产经纪活动、获得报酬所必须依附的经济实体。

【出处】《房地产经纪职业导论》（第四版）P64

19.【答案】A

【解析】房地产经纪机构通过何种渠道承接业务，是否开设店铺主要由其所面向的客户类型来决定的。一般而言，面向零散客户的经纪机构通常需要开设店铺，而面向机构类大型客户的经纪机构不一定要开设店铺，这就是目前从事存量房中介的经纪机构大多设有店铺，而从事商品房销售代理的经纪机构通常不设店铺的主要原因。

【出处】《房地产经纪职业导论》（第四版）P113

20.【答案】A

【解析】房地产经纪专业人员职业资格是合规经营的必要条件：在实际工作中，房地产经纪机构和分支机构办理备案，要有相应数量的房地产经纪专业人员职业资格登记证书；房地产经纪服务合同需要 1 名房地产经纪人或者 2 名房地产经纪人协理的签名，房屋状况说明书、房地产经纪服务告知书等其他业务文书上，也需要有房地产经纪专业人员的签名。没有房地产经纪专业人员签名的房地产经纪服务合同，通常被认为是不规范的或者经纪服务有瑕疵的。

【出处】《房地产经纪职业导论》（第四版）P33

21.【答案】B

【解析】品牌战略中的基础部分是品牌规划，即对品牌愿景、品牌定位和品牌结构的研究、筹划，其质量高低决定了整个品牌战略的成败。

【出处】《房地产经纪职业导论》（第四版）P124

22.【答案】C

【解析】房地产经纪机构为了"留住老客户"可以采取的手段是：① 提供个性化服务；② 正确处理投诉；③ 建立长久合作关系；④ 积极沟通客户。

【出处】《房地产经纪职业导论》（第四版）P121~122

23.【答案】C

【解析】房地产经纪机构客户关系管理系统是信息技术、软硬件系统集成的管理方法和应用解决方案在房地产经纪机构的应用。该系统由客户联络中心、客户资料数据库、客户分析子系统、决策支持子系统等构成，其中，客户资料数据库是客户关系管理的核心内容。

【出处】《房地产经纪职业导论》（第四版）122

24.【答案】A

【解析】以隐瞒、欺诈、胁迫、贿赂等不正当手段招揽业务，诱骗消费者交易或者强制交易：根据《房地产经纪管理办法》规定：由县级以上地方人民政府建设（房地产）主管部门责令限期改正，记入信用档案；对房地产经纪人员处以 1 万元罚款；对房地产经纪机构，取消网上签约资格，处以 3 万元罚款。

【出处】《房地产经纪职业导论》（第四版）P136

25.【答案】C

【解析】对外承诺标准化主要从三方面入手：① 制定标准的对外承诺文本；② 展示标准化文本；③ 规范档案与印章管理。

【出处】《房地产经纪职业导论》（第四版）P145

26.【答案】B

【解析】实施跨专业市场扩张战略的机构，往往具有与其新进入市场中现有机构所不同的资源优势和经营模式，因而具有独特的竞争优势，能够使其较快占领所进市场中未充分开发的部分。但是，由于不同专业市场所适用的经营模式以及对从业人员的素质要求存在一定的差异，跨专业市场扩张可能会遭遇因经营模式和人员"移植"而带来的"异体排斥"问题。

【出处】《房地产经纪职业导论》（第四版）P118

27.【答案】B

【解析】产权瑕疵风险：房屋买卖中确认房屋产权是否存在瑕疵是首要工作。存量房是否即将被征收、是否已经抵押或涉案被查封、产权共有人的意见等均将成为影响房屋能否上市的重要因素，而有的产权证明可能已发放多年，无法清晰显示产权现有的状态。

【出处】《房地产经纪职业导论》（第四版）P139

28.【答案】B

【解析】门店应保证有一定规模的目标客户，目标客户量主要是房源量和客源量。通常情况下，门店的影响力在区域内通常有一个相对集中、稳定的范围。一般是以门店为中心，以周围1000 m距离为半径划定的范围作为该门店的可辐射市场。半径在500 m以内的区域为核心区域，在该区域内获取的客户通常占本门店客户总数的55%～70%；半径在500～1000 m的区域为中间区域，门店从中获取的客户通常占本门店客户总数的15%～25%；半径在1000 m以外的区域为外围区域，门店从中获取的客户通常占本门店客户总数的5%左右。

【出处】《房地产经纪职业导论》（第四版）P93

29.【答案】A

【解析】聚焦战略是指房地产经纪机构把经营战略的重点集中在一个特定的目标市场上，为特定的地区或特定的客户提供特殊的产品或服务，即指企业集中使用资源，以快速增加某种产品的销售额和市场占有率。

【出处】《房地产经纪职业导论》（第四版）P116

30.【答案】B

【解析】商品房售楼处客户接待要求：①销售人员按顺序接待客户；②当日负责接待客户的销售人员在接待区、洽谈区等候，其余人员在工作区接听电话、联系客户；③接待客户的销售人员负责向客户翔实地介绍项目情况，引导客户参观样板房，与客户签订房屋认购书；④销售人员应认真解答客户的提问，不得使用"不知道、不了解"等用语，如遇不明白的问题及时向有关人员了解，落实清楚后尽快答复客户，不得以生硬、冷漠的态度接待客户；⑤严格按照开发商的承诺回答客户提问，向客户介绍，不准超范围承诺。

【出处】《房地产经纪职业导论》（第四版）P108

31.【答案】A

【解析】房地产经纪机构人力资源管理的人本性特征：房地产经纪机构的人力资源管理必须以人为本，始终贯彻员工是企业的宝贵财富的主题，强调员工的关心、爱护，把员工真正作为资源加以保护、利用和开发。

【出处】《房地产经纪职业导论》（第四版）P127

32.【答案】C

【解析】正确处理投诉：通过对投诉的正确处理，可以将因失误或错误导致的客户失望转化为新的机会，并树立房地产经纪机构竭诚服务客户的品牌形象。即使问题不是因房地产经纪机构的过错造成的，机构也应该及时给予解释并尽可能地协助解决问题，给客户留下良好的印象，从而提高客户的感知价值。

【出处】《房地产经纪职业导论》（第四版）P121

33.【答案】A

【解析】根据房地产的用途类型（如住宅、商业、办公、工业、仓储等），可以将房地产经纪业务分为住宅经纪业务和商业房地产经纪业务。其中，商业房地产经纪业务是指除住宅以外其他所有用途类型（如商业、办公、工业、仓储等）房地产的经纪业务。

【出处】《房地产经纪职业导论》（第四版）P152

34.【答案】B

【解析】在与客户进行业务洽谈时，首要环节是倾听客户的陈述，以充分了解委托方的意图与要求，把握客户的心理状况，同时衡量自身接受委托、完成任务的能力。其次，要向客户告知自己及房地产经纪机构的姓名、名称、职业资格以及房地产经纪执业规范要求的必须告知的所有事项。最后，要就经纪方式、佣金标准、服务标准以及拟采用的经纪合同类型及文本等关键事项与客户协商，达成委托意向。

【出处】《房地产经纪职业导论》（第四版）P156

35.【答案】B

【解析】后续服务的内容可包括三个主要方面：第一是扩展服务，如作为买方代理时为买方进一步提供装修、家具配置、搬家等服务；第二是改进服务，即了解客户对本次交易的满意程度，对客户感到不满意的环节进行必要的补救；第三是跟踪服务，即了解客户是否有新的需求意向，并提供针对性的服务。

【出处】《房地产经纪职业导论》（第四版）P159

36.【答案】A

【解析】房地产经纪服务合同的受托方必须是依法设立的房地产经纪机构，而不是房地产经纪专业人员，但房地产经纪服务合同必须由登记在该机构的一名房地产经纪人或两名房地产经纪人协理在合同上签名。

【出处】《房地产经纪职业导论》（第四版）P188

37.【答案】A

【解析】交易资金的划转应当经过房地产交易资金支付方和房地产经纪机构的签字和盖章。代收代付资金独立于房地产经纪机构或交易保证机构的自由财产及其管理的其他财产之外，也不属于房地产经纪机构或交易保证机构的负债，其所有权属于交易当事人。

【出处】《房地产经纪职业导论》（第四版）P194

38.【答案】B

【解析】房地产经纪服务合同采用书面形式是中外房地产经纪行业的惯例，我国行业管理部门或行业组织制定发布的房地产经纪服务合同也都要求书面形式。

【出处】《房地产经纪职业导论》（第四版）P189

39.【答案】A

【解析】依据《民法典》的相关规定，房地产经纪机构未完成约定服务事项的，不得请求支付服务报酬，但可以在合同中约定由委托人支付经纪服务过程实际支出的必要费用，必要费用不得高于房地产经纪服务收费标准，具体收费额度双方协商议定。

【出处】《房地产经纪职业导论》（第四版）P191

40.【答案】D

【解析】全国的房地产经纪执业规范是中国房地产估价师与房地产经纪人学会发布的

《房地产经纪执业规则》（中房学〔2013〕1号）。

【出处】《房地产经纪职业导论》（第四版）P210

41.【答案】B

【解析】房地产经纪执业规范的具体作用主要表现在以下几个方面：① 规范执业行为，提高服务水平；② 和谐同行关系，优化行业环境；③ 促进行业自律，助力行业健康持续发展。其中和谐同行关系，优化行业环境主要是调整同行间的竞争合作关系，防止或者减少同行的不正当竞争，化解业内的矛盾纠纷。

【出处】《房地产经纪职业导论》（第四版）P210～211

42.【答案】B

【解析】平等原则：① 房地产经纪活动当事人的法律地位平等。遵守平等原则，要求房地产经纪机构和从业人员一视同仁地提供房地产经纪服务，不得因种族、肤色、宗教、性别、残障、家庭状况、国籍或其他原因歧视任何人；② 房地产经纪活动当事人的权利和义务对等。所谓"权利和义务对等"，是指房地产经纪机构和人员享有权利，同时就应承担义务，对房地产经纪业务委托人来说也是如此。

【出处】《房地产经纪职业导论》（第四版）P215～216

43.【答案】C

【解析】下列情况的房地产，不得发布广告：① 在未经依法取得国有土地使用权的土地上开发建设的；② 在未经国家征用的集体所有的土地上建设的；③ 司法机关和行政机关依法裁定、决定查封或者以其他形式限制房地产权利的；④ 预售房地产，但未取得该项目预售许可证的；⑤ 权属有争议的；⑥ 违反国家有关规定建设的；⑦ 不符合工程质量标准，经验收不合格的；⑧ 法律、行政法规规定禁止的其他情形。

【出处】《房地产经纪职业导论》（第四版）P227

44.【答案】C

【解析】房地产经纪行业管理是社会公共管理的一个组成部分，它的基本作用就是维护社会整体利益，即通过行业管理使房地产经纪活动更加符合社会整体规范，并最大限度地增进社会福利。

【出处】《房地产经纪职业导论》（第四版）P236

45.【答案】B

【解析】售楼处销售人员岗位职责的业务准则：① 销售工作必须坚持开发商利益导向以及客户满意导向；② 在对外业务交往中，不得泄露公司机密；③ 一切按财务制度办事，客户交款应到售楼处办理，个人不得收取客户定金及房款；④ 不得以任何形式收取客户钱物及接受客户宴请，如有必要须事先向经理请示；⑤ 所有客户资源均为公司所有，员工不得私自保留及泄露客户资源、向客户推荐其他项目；⑥ 必须遵守销售流程，完成接听电话、接待客户、追踪客户、签订认购书、签署合同、协助办理贷款、督促客户按期付款、办理入住等手续。

【出处】《房地产经纪职业导论》（第四版）P108

46.【答案】D

【解析】价格主管部门承担拟定并组织实施价格政策，监督价格政策执行的重要职能。负责制定房地产经纪相关的价格政策，监督检查价格政策的执行。

【出处】《房地产经纪职业导论》（第四版）P245

47.【答案】A

【解析】现场巡查是对房地产经纪机构的经营场所和日常经营活动进行的日常监督检查，是对房地产经纪活动进行全面监督管理最常用的方式。

【出处】《房地产经纪职业导论》（第四版）P246

48.【答案】C

【解析】房地产经纪门店的目标客户管理包括房地产经纪人员个人管理和门店店内集中管理两种形式。

【出处】《房地产经纪职业导论》（第四版）P101

49.【答案】A

【解析】工作丰富化是企业岗位设置时不容忽视的另一条原则。在岗位设置中，我们会容易过分强调岗位和工作分工的专业化，使得每一个岗位的工作内容过于固定、呆板，这种情况不利于员工的成长，也不利于员工主观能动性的发挥。

【出处】《房地产经纪职业导论》（第四版）P87

50.【答案】C

【解析】改变房屋内部结构分割出租：根据《房地产经纪管理办法》规定，由县级以上地方人民政府建设（房地产）主管部门责令限期改正，记入信用档案；对房地产经纪人员处以1万元罚款；对房地产经纪机构，取消网上签约资格，处以3万元罚款。

【出处】《房地产经纪职业导论》（第四版）P136

二、多项选择题

51.【答案】BCD

【解析】仅经销占有交易标的，经纪、行纪和包销都不占有交易标的。经纪采用的报酬形式是佣金，经销和行纪报酬形式是差价，包销采用佣金＋差价的报酬形式。经纪活动主体以交易标的所有者的名义进行活动。经销活动主体以自己的名义进行活动。行纪活动主体以自己的名义进行活动，但行为受到一定的限制。包销活动主体以交易标的所有者的名义进行活动，行为受到一定限制。

【出处】《房地产经纪职业导论》（第四版）P5

52.【答案】ABC

【解析】佣金是经纪服务委托人对经纪服务提供方所付出的劳动时间、花费的资金和承担的风险的总报酬。

【出处】《房地产经纪职业导论》（第四版）P4

53.【答案】BCD

【解析】房地产经纪专业人员应具备的心理素质有：自知、自信；乐观、开朗；坚韧、奋进；积极、主动。

【出处】《房地产经纪职业导论》（第四版）P48

54.【答案】ABDE

【解析】房地产经纪人业绩优秀可抵作继续教育学时不属于继续教育学时的取得方式。

【出处】《房地产经纪职业导论》（第四版）P43

55.【答案】BDE

【解析】市场分析技能是指房地产经纪专业人员根据所掌握的信息，采用一定的方法对其进行分析，进而对市场供给、需求、价格的现状及变化趋势进行判断。对信息的分析方法包括：简单统计分析、比较分析、因果关系分析等。
【出处】《房地产经纪职业导论》（第四版）P52

56.【答案】ACE
【解析】直线—职能制组织结构形式：其特点是为各层次管理者配备职能机构或人员，充当各级管理者的参谋和助手，分担一部分管理工作，但这些职能机构或人员对下级管理者无指挥权。这种形式的缺点是：① 高层管理者高度集权，可能出现决策不及时问题，对环境变化的适应能力差；② 只有高层管理者对组织目标的实现负责，各职能机构都只有专业管理的目标；③ 职能机构和人员相互间的沟通协调性差，各自的视野有局限性。
【出处】《房地产经纪职业导论》（第四版）P81

57.【答案】ABDE
【解析】基础部门主要是指一些常设部门，如行政部、人事部、培训部、财务部等。
【出处】《房地产经纪职业导论》（第四版）P86

58.【答案】ABCD
【解析】一个好的战略目标通常应具有五个特征即符合：明确性、可衡量性、可实现性、相关性和时限性。
【出处】《房地产经纪职业导论》（第四版）P112

59.【答案】ACDE
【解析】房地产经纪机构人力资源管理的特征是合法性、人本性、互惠性、战略性。
【出处】《房地产经纪职业导论》（第四版）P127

60.【答案】ADE
【解析】房地产经纪机构签订房地产经纪服务合同前，书面告知下列事项：是否与委托房屋有利害关系；应当由委托人协助的事宜、提供的资料；委托房屋的市场参考价格；房屋交易的一般程序及可能存在的风险；房屋交易涉及的税费；经纪服务的内容及完成标准；经纪服务收费标准和支付时间；其他需要告知的事项。
【出处】《房地产经纪职业导论》（第四版）P135

61.【答案】CE
【解析】A、B、D正确。C选项错误：特许加盟经营模式，降低了特许授权人的风险；E选项错误，直营连锁模式对房地产经纪机构的人力、财务要求越来越高，扩张成本也相应提高。
【出处】《房地产经纪职业导论》（第四版）P78

62.【答案】ACDE
【解析】房地产经纪门店设置对客流量的分析包括客流类型，客流的目的、速度和滞留时间，竞争因素及周边环境。
【出处】《房地产经纪职业导论》（第四版）P92~93

63.【答案】ABE
【解析】房地产经纪人员树立良好的"客户意识"，应注意的问题包括：平等化意识、珍惜常客、充分体察客户的期望。

【出处】《房地产经纪职业导论》(第四版)P156

64.【答案】ABC

【解析】在房屋交易中,根据权属性质、房屋用途、购买年限的不同,所缴税费亦有所不同,交易税费计算比较复杂。

【出处】《房地产经纪职业导论》(第四版)P204

65.【答案】AD

【解析】房地产经纪机构实施营销企划方案中发布的广告、楼书和销售道具等必须经委托方确认后方可发布;教育、约束机构内的房地产经纪人员不得采取误导或其他不当行为给当事人或委托方造成任何损失;明确项目的市场定位、营销企划方向;制定、实施本项目的媒体安排、推广方案、广告内容、销售道具;制定、实施现场销售方案和预(现)售合同的签订、按揭贷款的收件工作等;实施销售现场(售楼处)与样板房的日常维护。BCE选项是委托方的权利义务。

【出处】《房地产经纪职业导论》(第四版)P203

66.【答案】ABC

【解析】目前房地产经纪机构所提供法律咨询主要是有关房地产购买资格、住房贷款政策、房地产交易程序与税费等的咨询。

【出处】《房地产经纪职业导论》(第四版)P165

67.【答案】ABE

【解析】房地产广告不得含有下列内容:① 升值或者投资回报的承诺;② 以项目到达某一具体参照物的所需时间表示项目位置;③ 违反国家有关价格管理的规定;④ 对规划或者建设中的交通、商业、文化教育设施以及其他市政条件作误导宣传;⑤ 不得含有风水、占卜等封建迷信内容,对项目情况进行的说明、渲染,不得有悖社会良好风尚;⑥ 不得利用其他项目的形象、环境作为本项目的效果;⑦ 不得含有广告主能够为入住者办理户口、就业、升学等事项的承诺。

【出处】《房地产经纪职业导论》(第四版)P226~227

68.【答案】BCDE

【解析】房地产经纪行业管理的基本原则主要有:① 创造良好环境,鼓励行业发展;② 遵循行业规律,实施专业管理;③ 推进行业立法,严格依法管理;④ 健全行业组织,加强行业自律;⑤ 顺应市场机制,维护有序竞争。

【出处】《房地产经纪职业导论》(第四版)P237~239

69.【答案】ACD

【解析】房地产经纪行业的专业性管理:① 对房地产经纪机构和经纪人员实行资质、资格管理;② 对房地产经纪人员的职业风险进行管理;③ 对房地产经纪活动实行属地管理。

【出处】《房地产经纪职业导论》(第四版)P243

70.【答案】BCD

【解析】现实中,房地产交易中无法实现"实物流动",只能通过"权利流动""资金流动"和"信息流动"来完成房屋建筑的流转和配置。

【出处】《房地产经纪职业导论》(第四版)P11

71.【答案】AB

【解析】房地产经纪专业人员职业资格分为房地产经纪人协理、房地产经纪人和高级房地产经纪人3个级别。其中,房地产经纪人协理和房地产经纪人职业资格实行统一考试的评价方式。

【出处】《房地产经纪职业导论》(第四版)P31

72.【答案】BCD

【解析】申请参加房地产经纪人职业资格考试的人员,除具备基本条件外,还必须符合下列条件之一:①通过考试取得房地产经纪人协理职业资格证书后,从事房地产经纪业务工作满6年;②取得大专学历,工作满6年,其中从事房地产经纪业务工作满3年;③取得大学本科学历,工作满4年,其中从事房地产经纪业务工作满2年;④取得双学士学位或研究生班毕业,工作满3年,其中从事房地产经纪业务工作满1年;⑤取得硕士学历(学位),工作满2年,其中从事房地产经纪业务工作满1年;⑥取得博士学历(学位)。

【出处】《房地产经纪职业导论》(第四版)P36

73.【答案】CDE

【解析】有下列情形之一的,本人或有关单位应当申请登记注销:①已与受聘机构解除劳动合同且无新受聘机构的;②受聘机构备案证明过期且不备案的;③受聘机构依法终止且无新受聘机构的;④中房学规定的其他情形。A、B选项属于变更登记应办理的情况。

【出处】《房地产经纪职业导论》(第四版)P40

74.【答案】ABD

【解析】直营连锁模式的优点是:①所有权与经营权的统一,对旗下连锁店直接实行行政管理制度,可控程度高,有利于机构制度的贯彻执行;②信息搜集范围扩大,信息利用率高,在房源、客源不断增加的同时提高了双方的匹配速度,使得成交比例提高;③对员工实行统一的培训和管理,使业务水平提高,客户信任度增大,企业的竞争能力相应提高,同时,完善的培训体系和较大的发展空间可以留住更多优秀的员工。

【出处】《房地产经纪职业导论》(第四版)P78

75.【答案】AD

【解析】房地产经纪机构为了争取新客户,可以采取鼓励客户推荐和给新客户提供附加服务的手段,BCE属于房地产经纪机构留住老客户采取的手段。

【出处】《房地产经纪职业导论》(第四版)P122

76.【答案】ABD

【解析】房地产经纪机构经营模式的选择包括企业业务渠道、企业规模以及规模化经营方式的选择。

【出处】《房地产经纪职业导论》(第四版)P113

77.【答案】BCDE

【解析】客户登记表是客户资料中最重要的报表。通过客户登记表既可以反映客户人数的变化、所属区域变化、产生客户区域变化的原因;还可以反映客户需求的变化,变化的原因;并且可以反映政策的变化所导致的销售情况的变化等。

【出处】《房地产经纪职业导论》(第四版) P171

78.【答案】ABDE

【解析】新建商品房销售代理业务的流程为：项目信息开发与整合；项目研究与拓展；项目签约；项目执行企划；销售准备；销售执行；项目结算。

【出处】《房地产经纪职业导论》(第四版) P153～155

79.【答案】ACE

【解析】我国房地产经纪行业管理的主要内容包括房地产经纪行业的专业性管理、规范性管理和公平性管理。其中 AC 项属于专业性管理的房地产经纪活动主体的专业资质、资格管理。E 项属于规范性管理。

【出处】《房地产经纪职业导论》(第四版) P242～244

80.【答案】ABCE

【解析】防范规避经纪纠纷的措施：① 制定推行示范合同文本；② 制定服务流程和服务标准，明确服务要求和内容；③ 加强房地产经纪服务收费管理；④ 加强房地产经纪行业信用管理；⑤ 加大行业管理的行政处罚力度，提高房地产经纪机构不规范操作的违规成本；⑥ 增强房地产经纪从业人员的守法意识；⑦ 定期组织培训和考核，提高经纪机构和人员业务素质。

【出处】《房地产经纪职业导论》(第四版) P254～256

三、综合分析题

81.【答案】BCD

【解析】经纪机构开展存量房买卖业务的流程：① 客户开拓；② 客户接待与业务洽谈；③ 房屋查验；④ 签订房地产经纪服务合同；⑤ 信息收集与传播；⑥ 引领买方（承租方）看房；⑦ 协助交易达成；⑧ 合同备案与产权登记；⑨ 房屋交接；⑩ 佣金结算；⑪ 后续服务。

【出处】《房地产经纪职业导论》(第四版) P155

82.【答案】C

【解析】房屋购买经纪服务合同是指房地产经纪机构为促成委托人向第三方购买房屋提供有偿经纪服务，与委托人之间设立、变更、终止权利义务关系的协议。

【出处】《房地产经纪职业导论》(第四版) P198

83.【答案】AC

【解析】根据委托人与房地产经纪机构的协商，房地产经纪服务合同还可以针对房地产经纪机构提供的其他延伸业务增加相关补充内容，但双方协议认为需要另外签订服务合同的延伸业务除外。

【出处】《房地产经纪职业导论》(第四版) P192

84.【答案】BCD

【解析】房屋产权清晰是成交的前提条件。在存量房经纪业务中，产权调查是保证产权真实性、准确性的主要手段，因而是房屋交易前必不可少的环节。首先，要求出售方提供合法的证件（包括身份证、不动产权证等）；其次，到不动产登记机构查询房屋的权利人、产权来源、抵押和贷款情况、土地使用情况、是否有法院查封等信息。

【出处】《房地产经纪职业导论》(第四版) P156

85.【答案】C

【解析】服务费用是房地产经纪机构提供房地产经纪服务应得到的服务报酬，由佣金和代办服务费两部分构成。代办服务费用收取标准和时点由当事人自行约定。

【出处】《房地产经纪职业导论》（第四版）P191

86.【答案】C

【解析】房地产经纪业务是由房地产经纪机构统一承接的，房地产经纪合同是由委托人和房地产经纪机构签订的。如果房地产经纪从业人员在执业活动中由于故意或过失给委托人造成损失的，应由房地产经纪机构统一承担责任，房地产经纪机构应首先对委托人进行赔偿，再向承办该业务的房地产经纪专业人员进行追偿。

【出处】《房地产经纪职业导论》（第四版）P73

87.【答案】B

【解析】本科学历，工作满4年，其中从业满2年可以申请参加房地产经纪人职业资格考试。

【出处】《房地产经纪职业导论》（第四版）P36

88.【答案】D

【解析】需要申请变更的情形是：① 变更受聘机构；② 受聘机构名称变更；③ 申请人姓名或者身份证件号码变更。

【出处】《房地产经纪职业导论》（第四版）P340

89.【答案】D

【解析】相关法律责任：以隐瞒、欺诈、胁迫、贿赂等不正当手段招揽业务，诱骗消费者交易或者强制交易的，由县级以上地方人民政府建设（房地产）主管部门责令限期改正，记入信用档案；对房地产经纪人员处以1万元罚款；对房地产经纪机构，取消网上签约资格，处3万元罚款。"张某诱导客户签订消费贷款"属于诱骗消费者交易。

【出处】《房地产经纪职业导论》（第四版）P218

90.【答案】BCD

【解析】遵纪守法要求房地产经纪专业人员首先必须遵守政府对房地产经纪行业上岗、开业的规定，不得无照、无证执业和经营；其次在房地产经纪活动的各个环节，如接受委托、签订合同、发布广告、收取佣金等环节，都必须遵守有关法律法规的规定。规范执业是指房地产经纪行业组织与一些品牌房地产经纪企业制定了行业或企业的房地产经纪规范，旨在通过规范房地产经纪活动行为，来保证房地产经纪服务质量，自觉、自愿地遵守、维护这些规范是每个行业从业人员的立命之本。"诚"的第一要义是真诚，即以客户的利益为己任。第二要义是坦诚，即诚实地向客户告知自己的所知。

【出处】《房地产经纪职业导论》（第四版）P57~58

91.【答案】ABD

【解析】为了留住老客户，房地产经纪机构可以从以下四个方面入手：① 提供个性化服务；② 正确处理投诉；③ 建立长久合作关系；④ 积极沟通客户。

【出处】《房地产经纪职业导论》（第四版）P121

92.【答案】C

【解析】创造和提供一切机会让员工参与管理是调动员工积极性的有效方式。"李某从机构各部门中协调出精英人员组建销售团队，并在工作中发挥团队人员参与管理的创造性和积极性"体现了这一点。

【出处】《房地产经纪职业导论》（第四版）P130～131

93.【答案】ABC

【解析】售楼处的工作团队一般情况下包括销售人员、管理人员和辅助人员三大类。具体人数及构成应根据项目的房源数量、销售期、市场推广方式等情况综合考虑而定。

【出处】《房地产经纪职业导论》（第四版）P104

94.【答案】AC

【解析】需要按楼盘项目设置临时性的机构（如某楼盘项目组），由有关职能部门派人员参加，这就是矩形制组织结构。采用这种结构形式时，由职能机构派来参加横向机构的人员，既受所属职能机构领导，由受横向机构领导。这种模式有利于加强横向内部各职能人员之间的联系，沟通信息，协作完成每一个横向机构的任务。但是矩形制的双重领导违反了统一指挥原则，容易引起一些矛盾，导致职责不清、机构间互相扯皮的问题，所以在实际运用中高层管理者必须注意协调职能部门与横向机构间的关系，避免可能出现的矛盾和问题。

【出处】《房地产经纪职业导论》（第四版）P83～84

95.【答案】A

【解析】新建商品房销售委托书是开发商基于新建商品房销售代理合同，而向与其签订合同的房地产经纪机构出具的商品房销售代理授权书，以便于房地产经纪机构向购房者等第三方明示其所具有的商品房代理销售权。根据《房地产经纪管理办法》的规定，代理销售商品房项目的房地产经纪机构应当在销售现场明显位置公示商品房销售委托书。

【出处】《房地产经纪职业导论》（第四版）P206

96.【答案】AB

【解析】平等原则具体是指：房地产经纪活动当事人的法律地位平等；房地产经纪活动当事人的权利和义务对等。

【出处】《房地产经纪职业导论》（第四版）P215～216

97.【答案】ACD

【解析】分支机构可以独立开展房地产经纪业务，但不具有法人资格。分支机构独立核算，首先以自己的财产对外承担责任，当分支机构的全部财产不足以对外清偿到期债务时，由设立该分支机构的经纪机构对其债务承担清偿责任，分支机构承接业务应当以设立该分支的经纪机构名义承揽业务。

【出处】《房地产经纪职业导论》（第四版）P68

98.【答案】D

【解析】房地产经纪机构（含分支机构）的名称、法定代表人、住所、登记房地产经纪专业人员等备案信息发生变更的，应当在变更后30日内，向原备案机构办理备案变更手续。

【出处】《房地产经纪职业导论》（第四版）P72

99.【答案】D

【解析】派生客流，指事先没有购买目标，无意中进店了解相关知识及信息等所形成的客流。

【出处】《房地产经纪职业导论》(第四版) P192

100.【答案】CD

【解析】调查竞争对手的目的是了解竞争对手的经营动向、服务手段及技巧。一般可以采取观察法、电话咨询法等。

【出处】《房地产经纪职业导论》(第四版) P94

房地产经纪职业导论模拟卷（二）答案解析

一、单项选择题

1.【答案】C

【解析】行政监管模式：在这种模式下，政府行政主管部门承担了房地产经纪行业管理的绝大部分职能，管理手段以行政监管手段为主，如进行人员职业资格认证和制定合同示范文本、行政执法等。

【出处】《房地产经纪职业导论》（第四版）P240

2.【答案】A

【解析】行纪活动和经纪活动的相似之处体现在活动主体同交易标的之间的关系，都是不占有交易标的。

【出处】《房地产经纪职业导论》（第四版）P5

3.【答案】D

【解析】经销活动的主体直接参与交易，对交易标的具有所有权。

【出处】《房地产经纪职业导论》（第四版）P5

4.【答案】D

【解析】在房地产代理业务中，房地产经纪机构一般只能接受交易一方的委托开展代理事务，同时也只能向一方收取佣金。

【出处】《房地产经纪职业导论》（第四版）P9

5.【答案】C

【解析】房地产经纪行业的规范性管理：主要通过以下几方面内容的管理来实现：① 房地产经纪执业行为规范；② 房地产经纪服务收费规范。

【出处】《房地产经纪职业导论》（第四版）P243~244

6.【答案】D

【解析】拒绝收取红包属于房地产经纪人应该遵守的"遵守法律、法规、规章、政策和职业规范，恪守职业道德的义务"。

【出处】《房地产经纪职业导论》（第四版）P45

7.【答案】B

【解析】房地产中介分为指示中介和媒介中介。房地产指示中介是指房地产经纪机构和房地产经纪人员根据委托人的指示，搜集房客源、价格、行情、税费等交易信息并向委托人报告订立房地产交易合同的机会。房地产媒介中介则在提供信息和报告交易机会的基础上，增加了为委托人与第三人房地产交易进行斡旋撮合的媒介服务。

【出处】《房地产经纪职业导论》（第四版）P7

8.【答案】B

【解析】房地产经纪是一项专业性很强的工作，不是什么人都可以从事的。房地产经纪服务合同等业务文书关系到当事人的权利义务，关系到交易成败，所以只有专业的房地产经纪专业人员才能在房地产经纪服务合同等业务文书上签名。

【出处】《房地产经纪职业导论》（第四版）P44

9.【答案】C

【解析】房地产经纪专业人员职业资格已列入国家职业资格目录清单，属于国家专业技术人员职业资格。证书由人力资源和社会保障部、住房和城乡建设部监制，中国房地产估价师与房地产经纪人学会用印，在全国范围有效，是获得与香港地产代理等资格互认的前提条件。通过房地产经纪专业人员职业资格考试就得到了专业、权威的资历和能力认证。房地产经纪专业人员应当参加继续教育，不断更新专业知识，提高职业素质和业务能力，以适应岗位需要和职业发展的要求。

【出处】《房地产经纪职业导论》（第四版）P33、P41

10.【答案】D

【解析】按照《房地产经纪专业人员职业资格证书登记服务办法》，登记服务的具体工作由中国房地产估价师与房地产经纪人学会负责。

【出处】《房地产经纪职业导论》（第四版）P39

11.【答案】B

【解析】向委托人披露相关信息是房地产经纪专业人员的义务。搜集并如实向委托人提供房源客源等相关信息，是房地产经纪服务的基本内容。房地产经纪活动中，为了减少信息不对称，房地产经纪人有义务确认信息的真实性，并向委托人披露与房地产交易相关的有利和不利的信息。

【出处】《房地产经纪职业导论》（第四版）P46

12.【答案】D

【解析】供需搭配的技能：常常表现为房地产经纪专业人员是否能在较短的时间内完成供求搭配，从而尽可能实现每一个交易机会。如房地产经纪人进行商品房销售代理时，在售楼处接待了一组来访客户，经过十几分钟，甚至几分钟的交谈，就必须能准确了解并把握他们的需求，并推荐恰当的房源。

【出处】《房地产经纪职业导论》（第四版）P53

13.【答案】C

【解析】尽职尽责：第一，房地产经纪专业人员绝不能为图轻松而省略，也不能马马虎虎，敷衍了事；第二，房地产经纪专业人员是以自己拥有的房地产专业知识、信息和市场经验来为客户提供服务的；第三，房地产属于大宗资产，一些房地产交易活动，常常是涉及客户的商业机密或个人隐私，除非客户涉及违法，否则房地产经纪专业人员决不能将客户的机密泄露出去，更不能以此谋利，应该替客户严守秘密，充分保护客户的利益；第四，从承担自身责任的要求出发，房地产经纪专业人员首先必须做到在聘用合同期内忠于自己的机构，不随意"跳槽"或"脚踩数条船"；同时，在言谈举止和经纪行为上都要从维护公司信誉出发，决不做有损公司信誉、品牌的事情。

【出处】《房地产经纪职业导论》（第四版）P59~60

14.【答案】D

【解析】在登记有效期间有下列情形之一的，应当申请变更登记：① 变更受聘机构；② 受聘机构名称变更；③ 申请人姓名或者身份证件号码变更。

【出处】《房地产经纪职业导论》（第四版）P40

15.【答案】D

【解析】职业道德是内化于房地产经纪人员思想意识和心理、行为习惯的一种修养，它主要通过良心和舆论来约束房地产经纪专业人员。职业道德虽然不如法律、法规和行业规则那样具有很大的强制性，但它一旦形成，则会从房地产经纪专业人员的内心深处产生很大的约束力，并促使其更加主动地遵循有关法律、法规和行业规则。因此，房地产经纪专业人员职业道德对房地产经纪业的规范运作和持续发展具有重大的积极作用。

【出处】《房地产经纪职业导论》（第四版）P56~57

16.【答案】A

【解析】通过全国统一考试，取得房地产估价师资格证书的人员；通过全国统一考试，取得经济专业技术资格"房地产经济"专业中级资格证书的人员；或者按照国家统一规定评聘高级经济师职务的人员，可免试房地产经纪人职业资格《房地产交易制度政策》1个科目，只参加《房地产经纪职业导论》《房地产经纪专业基础》和《房地产经纪业务操作》3个科目的考试。

【出处】《房地产经纪职业导论》（第四版）P35~36

17.【答案】C

【解析】参加1个或3个科目考试的人员，须在1个或连续的3个考试年度内通过应试科目的考试，方可获得房地产经纪专业人员职业资格证书。

【出处】《房地产经纪职业导论》（第四版）P36

18.【答案】B

【解析】设立房地产经纪机构，应当首先向当地市场监督管理部门申请办理市场主体登记。企业名称应以"房地产经纪"作为其行业特征，经营项目统一核定为"房地产经纪"，并按规定提供一定数量的经登记房地产经纪专业人员信息。

【出处】《房地产经纪职业导论》（第四版）P70

19.【答案】C

【解析】房地产经纪机构歇业或因其他原因终止经纪活动的，应当在向市场监管部门办理注销登记后30日内向原办理登记备案手续的房地产管理部门办理注销手续，逾期不办理视为自动撤销。

【出处】《房地产经纪职业导论》（第四版）P72

20.【答案】C

【解析】执业规则属于公约范畴，但它不同于一般的乡规民约。它与乡规民约最重要的区别是，它是依据法律、法规和规章制定的。

【出处】《房地产经纪职业导论》（第四版）P258

21.【答案】A

【解析】房地产经纪机构是否采用无店铺这种经营模式，受多方面因素的影响。首先是客户类型，其次是房地产经纪机构所在地的社会经济特征。

【出处】《房地产经纪职业导论》（第四版）P75

22.【答案】A

【解析】房地产经纪机构对直接连锁经营组织的管理主要是行政管理。

【出处】《房地产经纪职业导论》(第四版) P78

23.【答案】B

【解析】房地产经纪机构的品牌管理是指房地产经纪机构以自身的特点及服务特色为基础，为树立企业形象和提升客户感知价值，造就忠诚客户和良好口碑，所进行的企业品牌建设与品牌维护等一系列活动和过程。其中，客户感知价值是房地产经纪机构品牌管理的核心，其大小取决于客户对服务过程和服务结果的期望和实际感受之间的综合权衡。

【出处】《房地产经纪职业导论》(第四版) P12

24.【答案】A

【解析】业务流程改造的基本原则是：执行改造流程时，参与的人越少越好；在流程服务对象（顾客）看来，越简单越好。

【出处】《房地产经纪职业导论》(第四版) P168

25.【答案】C

【解析】房地产经纪信息加工整理的程序通常包括鉴别、筛选、整序、编辑和研究这五个环节。最后一步是研究。

【出处】《房地产经纪职业导论》(第四版) P170

26.【答案】D

【解析】在经纪业务开展过程中，容易出现承诺不当现象的环节主要有：房源保管、服务协议的签订等。

【出处】《房地产经纪职业导论》(第四版) P137

27.【答案】B

【解析】区域选择：也就是确定在哪个（或哪些）区域设置门店。首先要确定目标市场，找准服务对象，然后再依据目标市场、服务对象选择最佳的区域。

【出处】《房地产经纪职业导论》(第四版) P91

28.【答案】B

【解析】房地产经纪门店不仅是直接承揽存量房经纪业务的场所，还是房地产经纪机构对外展示企业形象的主要窗口，因此选择店址应尽量保证其有良好的展示性。具体而言，一个好的门店必须具有独立的门面，而且门面应尽量宽一些。同时，门店前不应有任何遮挡物。

【出处】《房地产经纪职业导论》(第四版) P93

29.【答案】A

【解析】计划期限内的经营成本加上同期门店应得的正常利润，即为门店的损益平衡点销售额。

【出处】《房地产经纪职业导论》(第四版) P95

30.【答案】C

【解析】新建商品房市场上的业务主要是新建商品房销售代理与租赁代理，且大多为卖方代理，即房地产经纪机构代理房地产开发企业出售或出租其开发建设的商品房。在这类业务中，房地产经纪机构与房地产开发企业之间的佣金结算相对较为复杂，结佣周期较长。

【出处】《房地产经纪职业导论》(第四版) P148

31. 【答案】A

【解析】房地产买方代理业务是指房地产经纪机构受委托人委托，以委托人名义承租、承购房地产的专业服务行为。房地产买方代理的委托人是需要购买或承租房屋的机构或个人。

【出处】《房地产经纪职业导论》(第四版) P153

32. 【答案】D

【解析】房地产咨询服务主要包括房地产投资咨询、房地产价格咨询、法务咨询。

【出处】《房地产经纪职业导论》(第四版) P164~165

33. 【答案】D

【解析】房地产交易相关手续代办服务主要包括：① 不动产登记信息查询；② 不动产登记申请；③ 房地产抵押贷款申请。

【出处】《房地产经纪职业导论》(第四版) P162~163

34. 【答案】B

【解析】房地产交易相关手续代办服务主要包括：① 不动产登记信息查询；② 不动产登记申请；③ 房地产抵押贷款申请。

【出处】《房地产经纪职业导论》(第四版) P162~163

35. 【答案】B

【解析】房地产经纪机构完成房地产经纪服务后委托人就有义务支付佣金，延伸业务的效果不应作为影响委托人佣金支付义务的因素。

【出处】《房地产经纪职业导论》(第四版) P193

36. 【答案】A

【解析】新建商品房经纪业务与存量房经纪业务的融合，俗称"一、二手业务联动"。

【出处】《房地产经纪职业导论》(第四版) P149

37. 【答案】C

【解析】房地产卖方代理业务是指房地产经纪机构受委托人委托，以委托人名义出售、出租房地产的专业服务行为。目前在我国，房地产卖方代理业务主要有新建商品房销售代理业务、存量房出售代理业务和房屋出租代理业务等。

【出处】《房地产经纪职业导论》(第四版) P153

38. 【答案】A

【解析】新建商品房销售代理的业务流程是：① 项目信息开发与整合；② 项目研究与发展；③ 项目签约；④ 项目执行企划；⑤ 销售准备；⑥ 销售执行；⑦ 项目结算。所以项目签约后的下一个环节是项目执行企划。

【出处】《房地产经纪职业导论》(第四版) P153~155

39. 【答案】D

【解析】房地产经纪机构未完成约定服务事项的，不得请求支付服务报酬，但可以在合同中约定由委托人支付经纪服务过程实际支出的必要费用，必要费用不得高于房地产经纪服务收费标准，具体收费额度双方协商议定。

【出处】《房地产经纪职业导论》（第四版）P191

40.【答案】A

【解析】房地产经纪专业人员应牢固树立"信用是金"的思想观念。一方面，要言必行，行必果；另一方面，应注意不随意许诺，避免失信。

【出处】《房地产经纪职业导论》（第四版）P58

41.【答案】C

【解析】房地产经纪机构和从业人员在与委托人及其他人员接触中，不得采用下列不正当手段与同行进行业务竞争：① 故意诋毁、诽谤其他房地产经纪机构和从业人员信誉、声誉，散布、传播关于同行的错误信息；② 无正当理由，以低于成本价或在同行业收费水平以下收费为条件吸引客户，或采用商业贿赂的方式争揽业务；③ 房地产经纪从业人员与所受聘的房地产经纪机构解除劳动关系后，诱劝原受聘房地产经纪机构的客户，以取得业务；④ 故意在委托人与其他房地产经纪机构和从业人员之间设置障碍，故意破坏同行促成的交易，制造纠纷和麻烦。

【出处】《房地产经纪职业导论》（第四版）P233～234

42.【答案】D

【解析】《房地产经纪管理办法》第十八条规定：房地产经纪服务实行明码标价制度。

【出处】《房地产经纪职业导论》（第四版）P255

43.【答案】A

【解析】房地产经纪机构代理销售商品房项目的，还应当在销售现场明显位置公示商品房销售委托书和批准销售商品房的有关证明文件。

【出处】《房地产经纪职业导论》（第四版）P133

44.【答案】A

【解析】我国一些优秀的房地产经纪机构超高速的成长，不仅借势于中国房地产市场的快速发展，也得益于其轻资产的企业特性。同时，房地产经纪机构的轻资产特性，使得房地产经纪行业的进入门槛较低，也导致房地产经纪行业变化快。

【出处】《房地产经纪职业导论》（第四版）P65

45.【答案】D

【解析】房地产经纪专业人员登记证书是房地产经纪专业人员从事房地产经纪活动的有效证件，执行房地产经纪业务时应当主动向委托人出示。

【出处】《房地产经纪职业导论》（第四版）P41

46.【答案】B

【解析】由于房地产价格昂贵，在绝大多数情况下，经销商难以承受维持房地产存货的费用，因此房地产难以通过经销商来流通。

【出处】《房地产经纪职业导论》（第四版）P14

47.【答案】D

【解析】国家发展和改革委员会主要负责拟订并组织实施价格政策，监督检查价格政策的执行；负责组织制定和调整少数由国家管理的重要商品价格和重要收费标准。

【出处】《房地产经纪职业导论》（第四版）P245

48.【答案】C

【解析】房地产经纪行业组织一般指房地产经纪行业学（协）会，是房地产经纪机构和房地产经纪从业人员的自律性组织，单位性质是社团法人。房地产经纪行业组织通常由房地产经纪机构和房地产经纪从业人员发起设立，通过制定章程和社团登记来确定自己的管理职责范围，并以此约束行业内房地产经纪机构和房地产经纪从业人员的执业行为。

【出处】《房地产经纪职业导论》（第四版）P257

49.【答案】B

【解析】参加房地产经纪人职业资格考试的人员，必须在连续的4个考试年度内通过全部（4个）科目的考试。

【出处】《房地产经纪职业导论》（第四版）P35

50.【答案】D

【解析】如果是由于委托人的故意或过失给房地产经纪机构或房地产经纪从业人员造成了损失，应由房地产经纪机构向委托人提出赔偿请求，由委托人对房地产经纪机构进行赔偿，然后，房地产经纪机构再对房地产经纪从业人员的损失进行相应的补偿。

【出处】《房地产经纪职业导论》（第四版）P74

二、多项选择题

51.【答案】BCD

【解析】在房地产经纪活动中，房地产经纪机构和房地产经纪人员只是为促成交易提供服务，不直接作为交易主体参与交易。房地产经纪机构没有交易房屋的所有权，也不是房价款的支付方，只作为服务方参与交易其中，不是房地产交易的当事方。

【出处】《房地产经纪职业导论》（第四版）P12

52.【答案】ABE

【解析】通过全国统一考试，取得房地产估价师资格证书的人员，通过全国统一考试，取得经济专业"房地产经济"专业中级资格证书的人员，或者按照国家统一规定评聘高级经济师职务的人员，可免试房地产经纪人职业资格《房地产交易制度政策》这个科目。

【出处】《房地产经纪职业导论》（第四版）P35~36

53.【答案】ABC

【解析】直营连锁模式的优点是：① 所有权与经营权的统一，对旗下连锁店直接实行行政管理制度，可控程度高，有利于机构制度的贯彻执行；② 信息搜集范围扩大，信息利用率高，在房源、客源不断增加的同时提高了双方的匹配速度，使得成交比例提高；③ 对员工实行统一的培训和管理，使业务水平提高，客户信任度增大，企业的竞争能力相应提高，同时，完善的培训体系和较大的发展空间可以留住更多优秀的员工。

【出处】《房地产经纪职业导论》（第四版）P78

54.【答案】ABCD

【解析】房地产经纪专业人员的义务：① 遵守法律、法规、规章、政策和职业规范，恪守职业道德的义务；② 不得同时受聘于两个或两个以上房地产经纪机构执行业务的义务；③ 依法维护当事人的合法权益的义务；④ 向委托人披露相关信息的义务；⑤ 为委托人保守个人隐私及商业秘密的义务；⑥ 接受继续教育，不断提高业务水平的义务；⑦ 不进行不正当竞争的义务；⑧ 接受住房和城乡建设（房地产）行政主管部门和政府相关部门的监督检查的义务。

【出处】《房地产经纪职业导论》(第四版)P45~46

55.【答案】BDE

【解析】房地产经纪专业人员需要通过与这些人的沟通,将自己的想法传达给对方,并对对方产生一定的影响,使对方在思想上认同自己的想法,并在行动上予以支持。要使这些人际沟通能较好地达到服务目的,不仅要求房地产经纪专业人员具有良好的心理素质,还要求其必须掌握良好的人际沟通技能。它包括了解对方心理活动和基本想法的技能、适当运用向对方传达意思方式(如语言、面部表情、肢体动作等)的技能、把握向对方传达关键思想的时机的技能等。

【出处】《房地产经纪职业导论》(第四版)P52

56.【答案】BCDE

【解析】尽职尽责主要体现在四个方面,一是房地产经纪专业人员决不能为图轻松而省略,也不能马马虎虎,敷衍了事;二是房地产经纪专业人员要真正承担起自己的职业责任,不断提高自己的专业水平;三是在房地产经纪活动中,房地产经纪专业人员由于工作的需要接触到客户机密,除非客户违法,否则房地产经纪专业人员决不能将客户的机密泄露出去,更不能以此谋利,应该替客户严守秘密,充分保护客户的利益;四是房地产经纪专业人员首先必须做到在聘用合同期内忠于自己的机构,不随意"跳槽"或"脚踩数条船",同时在言谈举止和经纪行为上都要从维护公司信誉出发,决不做有损公司信誉、品牌的事情。

【出处】《房地产经纪职业导论》(第四版)P59~60

57.【答案】CDE

【解析】房地产经纪专业人员职业资格分为房地产经纪人协理、房地产经纪人和高级房地产经纪人3个级别。

【出处】《房地产经纪职业导论》(第四版)P31

58.【答案】CD

【解析】房地产经纪机构设立的程序:① 工商登记,设立房地产经纪机构,应当首先向当地市场监督管理部门申请办理工商登记;② 备案,房地产经纪机构及其分支机构应当自领取营业执照之日起30内,到所在直辖市、市、县人民政府建设(房地产)主管部门备案。

【出处】《房地产经纪职业导论》(第四版)P71

59.【答案】AE

【解析】房地产经纪机构是通过经纪人员提供中介服务从而获取佣金收入的轻资产行业,其资金密集度低,持有资产相对较少,经营效益的高低主要取决于企业治理结构、内部管理、人员培训、企业文化等"软"实力。房地产经纪机构的资产中,固定资产所占的比例较少,其核心资产主要是商业模式、品牌、管理制度和专有技术等无形资产。

【出处】《房地产经纪职业导论》(第四版)P65

60.【答案】ABDE

【解析】合伙制房地产经纪机构一般是普通合伙企业,是指依照《中华人民共和国合伙企业法》和有关房地产经纪的管理规定在我国境内设立的由合伙人订立合伙协议、共同出资、合伙经营、共享收益、共担风险,并对合伙机构债务承担无限连带责任的从事房地产经纪活动的营利性组织。合伙人可以用货币、实物、土地使用权、知识产权或者其他财产权利出资；上述出资应当是合伙人的合法财产及财产权利。

【出处】《房地产经纪职业导论》（第四版）P67~68

61.【答案】ADE

【解析】房地产经纪机构的组织机构形式包括：直线—职能制、事业部制、矩阵制和网络制组织结构形式。

【出处】《房地产经纪职业导论》（第四版）P81~84

62.【答案】ACE

【解析】房地产经纪机构的特点有：① 是企业性质的中介服务机构；② 是轻资产类型的企业；③ 房地产经纪机构的规模具有巨大的可选择范围。

【出处】《房地产经纪职业导论》（第四版）P64~65

63.【答案】BDE

【解析】房地产经纪从业人员与房地产经纪机构之间的关系通过签订劳动合同来确定，除了具有劳动关系、雇佣关系之外，还有以下几层关系：① 执业关系；② 法律责任关系；③ 经济关系。

【出处】《房地产经纪职业导论》（第四版）P73~74

64.【答案】ABCD

【解析】房地产经纪机构的主要岗位有：业务序列、研发序列、管理序列、业务支持序列、辅助序列。

【出处】《房地产经纪职业导论》（第四版）P87~89

65.【答案】BCE

【解析】重视系统性，就是要通过房地产经纪信息管理，一是保证房地产经纪信息的完整性，尽可能全面准确地反映房源、客源、市场和行业的实际状况；二是保证房地产经纪信息在时间上的连续性；三是对房地产经纪信息及时进行更新和维护，以保证其时效性。

【出处】《房地产经纪职业导论》（第四版）P173

66.【答案】BCD

【解析】房地产经纪机构留住老客户的正确方法有四个方面：一是提供个性化服务；二是正确处理投诉；三是建立长久合作关系；四是积极沟通客户。

【出处】《房地产经纪职业导论》（第四版）P121~122

67.【答案】ACDE

【解析】房地产经纪机构的经营战略选择主要有低成本战略、聚焦战略、一体成长化战略、多样化战略。

【出处】《房地产经纪职业导论》（第四版）P115~116

68.【答案】AB

【解析】房地产经纪机构业务流程管理的主要内容就是流程分析和再造。

【出处】《房地产经纪职业导论》（第四版）P167

69.【答案】BE

【解析】民事赔偿风险：① 未尽严格审查义务引起的风险；② 协助交易当事人提供虚

假信息或材料引起的风险（虚报成交价、伪造签名）；③ 承诺不当引起的风险（房源保管风险、房地产经纪服务合同签订中的风险）；④ 产权纠纷引起的风险（产权瑕疵风险、产权转移风险）；⑤ 经纪业务对外合作的风险（代办房地产抵押贷款风险、同行合作风险）；⑥ 道德风险（房地产经纪从业人员道德风险、客户道德风险）。

【出处】《房地产经纪职业导论》（第四版）P137～142

70.【答案】ABDE

【解析】房地产经纪机构风险防范：（1）对外承诺标准化（① 指定标准的对外承诺文本；② 展示标准化文本；③ 规范档案与印章管理）；（2）权限的控制与分配；（3）门店责任人培训；（4）建立监察稽核体系；（5）风险转移。

【出处】《房地产经纪职业导论》（第四版）P145～146

71.【答案】ABCD

【解析】选择目标区域前，房地产经纪机构首先应对所在城市各区域内的存量房市场进行调查和分析，调查和分析的主要内容包括：① 房源状况；② 客源状况；③ 竞争程度；④ 周边环境。

【出处】《房地产经纪职业导论》（第四版）P92～93

72.【答案】ABC

【解析】售楼处的工作团队一般情况下包括销售人员、管理人员和辅助人员三大类。具体人数及构成应根据项目的房源数量、销售期、市场推广方式等情况综合考虑而定。

【出处】《房地产经纪职业导论》（第四版）P104

73.【答案】BD

【解析】存量房经纪业务基本流程中的协助交易达成环节，房地产经纪人的主要工作包括协调交易价格、促成交易、协助或代理客户签订交易合同。

【出处】《房地产经纪职业导论》（第四版）P158

74.【答案】AB

【解析】房地产经纪从业人员可以在这些网站开设个性化的网上店铺，呈现自己的电子名片、房源信息，并通过店铺留言和网民实现沟通。

【出处】《房地产经纪职业导论》（第四版）P181

75.【答案】BCDE

【解析】房地产经纪服务的委托人，即提出房地产经纪服务需要的自然人、法人或者非法人组织，是房地产经纪服务的需求者，主要包括房地产出卖人、出租人、购买人和承租人。

【出处】《房地产经纪职业导论》（第四版）P6

76.【答案】ABCE

【解析】根据委托房地产类型的不同，房地产经纪服务合同可分为存量房经纪服务合同和新建商品房经纪服务合同；根据委托交易目的的不同，又可将存量房经纪服务合同细分为房屋出售经纪服务合同、房屋购买经纪服务合同、房屋出租经纪服务合同和房屋承租经纪服务合同。

【出处】《房地产经纪职业导论》（第四版）P195

77.【答案】ABE

【解析】房地产经纪执业规范的概念可准确表述为：由房地产经纪行业组织制定或认可的，调整房地产经纪活动相关当事人之间关系的道德标准和行为规范的总和。房地产经纪执业规范主要调整三类关系：① 与交易当事人之间的关系；② 与社会大众之间的关系；③ 同行或同业的关系。

【出处】《房地产经纪职业导论》（第四版）P209

78. 【答案】ABCD

【解析】房地产经纪信息的搜集，通常可从以下途径进行收集：① 收集报纸、广播、电视、杂志等公开传播的房地产经纪信息；② 从开发商、银行、政府相关部门等单位调查、收集房地产经纪信息；③ 通过门店接待、上门拜访、信函或电话询问、人群聚集场所问询等方式直接采集；④ 利用互联网、联机系统等计算机网络获取；⑤ 利用微信朋友圈、微信群、QQ 群等网络社交工具采集。

【出处】《房地产经纪职业导论》（第四版）P170

79. 【答案】CE

【解析】房地产交易当事人约定由房地产经纪机构代收代付交易资金的，应当通过房地产经纪机构在银行开设的客户交易结算资金专用存款账户划转交易资金。交易资金的划转应当经过房地产交易资金支付方和房地产经纪机构的签字和盖章。

【出处】《房地产经纪职业导论》（第四版）P194

80. 【答案】ACE

【解析】防范规避经纪纠纷的措施：① 制定推行示范合同文本；② 制定服务流程和服务标准，明确服务要求和内容；③ 加强房地产经纪服务收费管理；④ 加强房地产经纪行业信用管理；⑤ 加大行业管理的行政处罚力度，提高房地产经纪机构不规范操作的违规成本；⑥ 增强房地产经纪从业人员的守法意识；⑦ 定期组织培训和考核，提高经纪机构和人员业务素质。

【出处】《房地产经纪职业导论》（第四版）P254～256

三、综合分析题

81. 【答案】AB

【解析】房地产卖方代理业务是指房地产经纪机构受委托人委托，以委托人名义出售、出租房地产的专业服务行为。目前在我国，房地产卖方代理业务主要有新建商品房销售代理业务、存量房出售代理业务和房屋出租代理业务等。王某与甲机构签署了房屋出售经纪服务合同。所以张某承办的房地产经纪业务属于房地产卖方代理业务，王某出售的房子为现房，所以张某承办的经纪业务还属于存量房经纪业务。

【出处】《房地产经纪职业导论》（第四版）P153

82. 【答案】A

【解析】房地产经纪机构和从业人员承购、承租自己提供经纪服务的房屋的，由县级以上地方人民政府建设（房地产）主管部门责令限期改正，记入信用档案；对房地产经纪人员处以 1 万元罚款；对房地产经纪机构，取消网上签约资格，处以 3 万元罚款。

【出处】《房地产经纪职业导论》（第四版）P220

83. 【答案】C

【解析】从公平原则出发，房地产经纪机构及人员不能在自己提供经纪服务的房地产交易中充当交易一方当事人，如成为买方或卖方。

【出处】《房地产经纪职业导论》（第四版）P216

84.【答案】D

【解析】甲机构同时经营存量房、新建商品房以及房地产咨询、顾问、策划等多种业务，说明甲机构是一家综合性房地产经纪机构。

【出处】《房地产经纪职业导论》（第四版）P66

85.【答案】B

【解析】房屋产权清晰是成交的前提条件。在存量房经纪业务中，产权调查是保证产权真实性、准确性的主要手段，因而是房屋交易前不可少的环节。本题中，在办理房屋所有权转移登记时，登记部门发现该套住房的所有权人并不是谢某，说明本案例纠纷是由未进行产权调查，引起了纠纷。

【出处】《房地产经纪职业导论》（第四版）P157

86.【答案】ABD

【解析】房地产经纪服务合同上要有：委托人的签名或盖章；受托房地产经纪机构的盖章；承办该业务的一名房地产经纪人或者两名房地产经纪人协理的签名。这是判断房地产经纪服务合同是否规范的三个要件，缺一不可。

【出处】《房地产经纪职业导论》（第四版）P189

87.【答案】BD

【解析】不动产权证书并不一定能清晰、完整地显示现实产权状态，因此，房地产经纪机构及其人员在为委托人提供房地产经纪服务前应当查看委托出售房屋的实体及房屋权属证书，然后再通过不动产登记部门核实该房屋的权属情况，包括该房屋是否设立抵押权、有无出租情况或有其他权利限制、是否存在共有人、产权单位对房屋出售是否有限制条件或房屋是否符合上市条件等。

【出处】《房地产经纪职业导论》（第四版）P196

88.【答案】A

【解析】房地产交易当事人合法：房地产交易当事人必须有权利有资格交易房屋。具体而言，出售方或者出租方有权出售、出租房屋，承购方或者承租方有权购买、承租房屋。依据法律规定，房屋出售方、出租方应当是房屋所有权人或者是所有权人的代理人；房屋承购方必须具有购房资格。

【出处】《房地产经纪职业导论》（第四版）P213

89.【答案】C

【解析】连锁经营模式是指房地产经纪机构通过众多直接经营组织单元统一运营管理模式、统一品牌标志和宣传、统一人员培训，并通过机构内部的信息系统进行一定的信息共享，扩大企业的服务范围，从而获得规模效益的一种经营模式。

【出处】《房地产经纪职业导论》（第四版）P76

90.【答案】B

【解析】甲机构决定调整策略以应对危机：一是提高房地产经纪人员的分佣比；二是与同行开展合作；三是增加新建商品房销售代理业务；四是投资建设信息管理系统。甲机构采取了多样化战略。

【出处】《房地产经纪职业导论》(第四版)P116

91.【答案】ABC

【解析】直营连锁模式的优点是：① 所有权与经营权的统一，对旗下连锁店直接实行行政管理制度，可控程度高，有利于机构制度的贯彻执行；② 信息搜集范围扩大，信息利用率高，在房源、客源不断增加的同时提高了双方的匹配速度，使得成交比例提高；③ 对员工实行统一的培训和管理，使业务水平提高，客户信任度增大，企业的竞争能力相应提高，同时，完善的培训体系和较大的发展空间可以留住更多优秀的员工。

【出处】《房地产经纪职业导论》(第四版)P78

92.【答案】ABC

【解析】房地产经纪机构信息管理系统设计的原则：① 网络化原则；② 共享原则；③ 协同原则。

【出处】《房地产经纪职业导论》(第四版)P173~174

93.【答案】ABC

【解析】设立房地产经纪机构，应当先向当地工商行政管理部门申请办理工商登记。房地产经纪机构及其分支机构应当自领取营业执照之日起 30 日内，到所在地直辖市、市、县人民政府建设（房地产）主管部门进行备案。变更登记适用的情形：变更受聘机构、受聘机构名称变更、申请人姓名或者身份证号变更。

【出处】《房地产经纪职业导论》(第四版)P40、P71

94.【答案】A

【解析】经委托人同意，两个或者两个以上房地产经纪机构就同一房地产经纪业务开展合作的，只能按一宗业务收费，不得向委托人增加收费。合作完成机构应当根据合同约定分配佣金。本题中此单业务属于两机构合作开展业务，两机构约定佣金的 60% 归提供房源的一方，40% 归提供客源的一方，张某为房源的一方，所以代理费用应收 1000000×0.02×0.6＝12000（元）。张某所在的甲机构规定佣金的 60% 归经纪人所有，故张某应获得佣金 12000×0.6＝7200（元）。

【出处】《房地产经纪职业导论》(第四版)P230

95.【答案】BCD

【解析】房地产经纪人员的权利：① 依法发起设立房地产经纪机构的权利；② 受聘于房地产经纪机构，担任相关岗位职务的权利；③ 执行房地产经纪业务的权利；④ 在房地产经纪服务合同等业务文书上签名的权利；⑤ 要求委托人提供与交易有关资料的权利；⑥ 拒绝执行受聘机构或委托人发出的违法指令的权利；⑦ 获得合理报酬的权利；⑧ 依法享有的其他权利。

【出处】《房地产经纪职业导论》(第四版)P44~45

96.【答案】D

【解析】门店选择的原则：保证充足的客源和房源：门店应保证有一定规模的目标客户，目标客户量主要是房源和客源量。通常情况下，门店的影响力在区域内通常有一个相对集中、稳定的范围。甲机构选在了人口密集的住宅区，房客源充足。

【出处】《房地产经纪职业导论》(第四版)P93

97.【答案】B

【解析】经纪机构一旦接受了业主（委托人）所委托房源的钥匙，就要对该房源履行保管责任，该房源若是发生失窃或是被人为损坏等情况，所造成的损失皆由经纪机构负责赔偿。

【出处】《房地产经纪职业导论》（第四版）P138

98.【答案】A

【解析】经纪人员对客户进行承诺时，如果没有把握好分寸，一味地迎合客户，做出无法兑现或其他不适当的承诺，就容易引起纠纷，有时甚至会带来不必要的经济损失，也将损害经纪机构的形象。

【出处】《房地产经纪职业导论》（第四版）P137

99.【答案】D

【解析】在房地产经纪职业规范中，业务办理规范规定，房地产经纪机构不得迎合委托人，为规避房屋交易税费等非法目的，协助当事人就同一房屋签订不同交易价款的"阴阳合同"。

【出处】《房地产经纪职业导论》（第四版）P228

100.【答案】ACD

【解析】为交易当事人规避房屋交易税费等非法目的，就同一房屋签订不同交易价款的合同提供便利的，由县级以上地方人民政府建设（房地产）主管部门责令限期改正，记入信用档案；对房地产经纪人员处以1万元罚款；对房地产经纪机构，取消网上签约资格，处以3万元罚款。

【出处】《房地产经纪职业导论》（第四版）P136

编 者 简 介

杜岩
58安居客资深房产分析专家,深耕房地产行业15年。

刘惠鑫
58安居客培训赋能中心资深分析师。

孙亚欣
北京正房科技联合创始人,全国房地产经纪专业人员职业资格考试人气讲师,北京房地产中介行业协会特聘讲师,全国房地产经纪人。从事房地产经纪相关工作十余年,组织线下讲座数百场,深受广大学员喜爱。

张莹
北京正房科技联合创始人,全国房地产经纪专业人员职业资格考试人气讲师,北京房地产中介行业协会特聘讲师,全国房地产经纪人。从事房地产经纪相关工作十余年,针对考点直击核心,让学员茅塞顿开,受益无穷。

赵汝霏
58安居客培训赋能中心职业资格考试内容教研负责人,从事房地产经纪相关工作近6年,其中3年考试钻研经验,主讲资格考试《房地产经纪职业导论》《房地产交易制度政策》《房地产经纪综合能力》课程,覆盖考试重点90%以上。

金梦蕾
58安居客培训赋能中心考试教研组高级教研员。2年习题册编写经验。擅长科目:《房地产经纪专业基础》《房地产经纪综合能力》。连续3年组织职业考试线上辅导工作,带班辅导学员过考率达80%以上。

侯蕴藝
58安居客培训赋能中心职业考试教研组新锐讲师,1年资格考试钻研经验,主讲协理课程内容,负责协理VIP班的答疑工作,并严格把控协理题库质量。

任芳芳
58安居客培训赋能中心高级讲师,7年房地产从业经验,其中5年房地产知识编写及相关命题经验,编写《房地产交易法律法规文件精选》《房地产交易知识库》《房地产经纪专业知识手册》等内容。